viagens
de negócios
que negócio
é esse?

Dados Internacionais de Catalogação na Publicação (CIP)
(Jeane dos Reis Passos – CRB 8ª/6189)

Martins, Viviânne
    Viagens de negócios: que negócio é esse? / Viviânne Martins,
Eduardo Murad Jr. — São Paulo : Editora Senac São Paulo, 2015.

Bibliografia.
Glossário.
ISBN 978-85-396-0879-9

1. Viagens corporativas 2. Viagens de negócios 3. Turismo
de negócios e eventos I. Murad Jr., Eduardo. II. Título.

15-323s
                                CDD-338.4791
                                BISAC TRV000000
                                BUS081000

Índice para catálogo sistemático:

1. Viagens de negócios: Turismo de negócios e eventos   338.4791

Viviânne Martins
Eduardo Murad Jr.

viagens
de negócios
que negócio
é esse?

Editora Senac São Paulo – São Paulo – 2015

Administração Regional do Senac no Estado de São Paulo
Presidente do Conselho Regional: Abram Szajman
Diretor do Departamento Regional: Luiz Francisco de A. Salgado
Superintendente Universitário e de Desenvolvimento: Luiz Carlos Dourado

Editora Senac São Paulo
Conselho Editorial: Luiz Francisco de A. Salgado
Luiz Carlos Dourado
Darcio Sayad Maia
Lucila Mara Sbrana Sciotti
Jeane dos Reis Passos

Gerente/Publisher: Jeane dos Reis Passos (jpassos@sp.senac.br)

Coordenação Editorial: Márcia Cavalheiro Rodrigues de Almeida (mcavalhe@sp.senac.br)
Comercial: Marcelo Nogueira da Silva (marcelo.msilva@sp.senac.br)
Administrativo: Luís Américo Tousi Botelho (luis.tbotelho@sp.senac.br)

Edição de Texto: Maísa Kawata
Preparação de Texto: Iara Arakaki
Revisão de Texto: Heloisa Hernandez (coord.) e Carolina Hidalgo Castelani
Projeto Gráfico e Editoração Eletrônica: Manuela Ribeiro
Ilustrações: Kelly Santos (p. 133 e 134)
Fotografias: ALAGEV / Dollar Photo Club
Capa: Manuela Ribeiro, sobre ilustração de ©johavel – iStockphotos
Impressão e Acabamento: Intergraf Indústria Gráfica Eireli

Todos os direitos desta edição reservados à
Editora Senac São Paulo
Rua 24 de maio, 208 – 3º andar – Centro – CEP 01041-000
Caixa Postal 1120 – CEP 01032-970 – São Paulo – SP
Tel. (11) 2187-4450 – Fax (11) 2187-4486
E-mail: editora@sp.senac.br
Home page: http://www.editorasenacsp.com.br

© Editora Senac São Paulo, 2015

Sumário

NOTA DO EDITOR / 7

INTRODUÇÃO / 11

INDÚSTRIA DE VIAGENS CORPORATIVAS / 15
    Visão geral / 18
    Tendências: os quatro pilares / 18
    Desenvolvimento, desafios e oportunidades do mercado brasileiro / 21
    Viajante corporativo e gestão de viagens / 23
    Cadeia produtiva / 30
    Gestor de viagens corporativas / 40

PROGRAMA DE VIAGENS CORPORATIVAS / 45
    Gestão de viagens *versus* gestão de mudança / 45
    4 Ps da gestão de viagens corporativas – metodologia, objetivos e aplicação / 48
    Resultados da gestão e do programa de viagens / 80
    Segurança e gestão de risco / 83

TECNOLOGIA EM VIAGENS CORPORATIVAS / 91
    Ferramentas e soluções disponíveis / 92
    Canais de distribuição e compra / 111
    Data management / 117

EVENTOS CORPORATIVOS / 121
    Definição de eventos corporativos / 123
    MICE / 126
    Segredos de um evento de sucesso / 129

GLOSSÁRIO / 139

REFERÊNCIAS / 153

Nota do editor

OBT, GDS, *revenue management*, MICE, TMC... A maioria das pessoas pode estranhar esses termos, mas, para quem trabalha na indústria de viagens, eles fazem parte do dia a dia. Viviânne Martins e Eduardo Murad Jr. ajudam o leitor a desvendar esse vocabulário e os principais processos inerentes à gestão de viagens e eventos corporativos.

Com o crescente aumento de eventos no Brasil, fornecedores, agências de eventos e todos os demais participantes do segmento da indústria de viagens precisam se especializar e conhecer as etapas e ferramentas que envolvem essa indústria para que a gestão de viagens corporativas se torne mais ágil e eficiente, facilitando o trabalho tanto do viajante quanto da empresa.

Viagens de negócios: que negócio é esse?, publicação do Senac São Paulo, é uma obra voltada para viajantes, curiosos, estudantes, turismólogos e profissionais de toda a cadeia produtiva de fornecedores de turismo que querem se atualizar, bem como para gestores de órgãos públicos e profissionais de empresas privadas que acabaram de assumir a área de viagens e procuram por informações para aprimorar a gestão de viagens e eventos corporativos nas organizações em que trabalham.

Gratidão a todos que nos apoiaram até aqui em toda a nossa jornada pela indústria de viagens e eventos corporativos. Em especial às nossas famílias, Marcia e João Victor Rett Murad, assim como Caio Martins Fernandes, pela paciência e compreensão das horas extras que investimos neste projeto. Não podemos deixar de mencionar Patricia Thomas, sócia da Academia de Viagens, que nos permitiu apresentar vários dos conteúdos dos cursos neste livro.

Introdução

Consideramos o turismo um setor macro por abranger vários segmentos, como turismo para a melhor idade, ecoturismo, turismo de lazer, cultural, religioso e esportivo, entre outros. Tais segmentos são o reflexo da mobilidade de homens e mulheres sobre a terra, um deslocamento de extrema importância econômica, social, cultural e ambiental, seja para destinos nacionais, seja para rotas internacionais.

Para muitas empresas, o investimento em viagens corporativas pode representar sua terceira maior despesa controlável, ficando atrás, geralmente, dos gastos com folha de pagamento e tecnologia.

Por sermos idealistas e apaixonados por este negócio, decidimos incluir neste livro tudo o que aprendemos, para compartilhar nossa experiência de anos de trabalho em empresas privadas e em nossa vida associativa, de uma maneira mais direta e objetiva.

Nosso propósito é ajudar a ampliar o conhecimento da cadeia produtiva. *Viagens de negócios: que negócio é esse?* destina-se àqueles que têm interesse nesse mercado sob uma perspectiva prática, menos fundamentada em teorias. Muito útil também para viajantes, curiosos, estudantes, turismólogos e profissionais de toda a cadeia produtiva de fornecedores do turismo que querem se atualizar, bem como para gestores de órgãos públicos e profissionais de empresas-cliente que acabaram de assumir a área de viagens e não sabem por onde começar.

Trata-se de um livro de conteúdo atual e relevante, que explica como funciona a gestão de viagens e eventos no dia a dia, além de abordar tendências que trazemos dos mercados mais desenvolvidos desse setor. Acreditamos que neste momento, em que a informação está tão acessível por causa da internet, nossa função é contribuir apresentando as melhores práticas do segmento.

Para complementar, como nosso mercado muitas vezes adota a nomenclatura e as convenções internacionais, ao final do livro você encontrará um glossário, no qual são explicadas muitas palavras e siglas derivadas do inglês que utilizamos no dia a dia do setor de viagens.

Esperamos contribuir para seu aprimoramento profissional!

Indústria de viagens corporativas

Viagens corporativas são aquelas frequentemente efetuadas por colaboradores, profissionais terceirizados ou convidados de pessoas jurídicas, pagas pelas empresas, com objetivos profissionais ou decorrentes deles. Dividem-se em:

- Viagens individuais – efetuadas por profissionais individualmente, denominados, neste livro, *viajantes*.
- Eventos corporativos – treinamentos, lançamentos de produtos, reuniões, ações de *marketing*, convenções, viagens de incentivo, eventos esportivos, etc. Àqueles que participam dos eventos chamamos *participantes*.

No Brasil, o mercado de viagens corporativas é parte importante do *market share*[1] do turismo, mas somente no início de 2015 passou a ser reconhecido pelo Ministério do Turismo como um nicho com particularidades específicas, que precisa de um olhar e de um tratamento diferente do dedicado ao turismo de lazer. Os grandes eventos esportivos e corporativos – como a Copa do Mundo e os congressos médicos internacionais – servem de vitrine da competência do país para o mundo. A eficiência na gestão e nos processos desses megaeventos são de grande importância para se obter resultados positivos.

De acordo com os economistas, a demanda por viagem é elástica, ou seja, qualquer ameaça – como uma catástrofe natural (furacão, nuvem de cinzas de

---

1 Os termos destacados serão explicados na seção "Glossário".

de um vulcão) ou preço alto – ou oportunidade – como um bom momento da economia mundial ou preço baixo – reduz ou eleva o número de viajantes. Nesse sentido, dizemos que a demanda por viagem é extremamente sensível.

O mercado de viagens corporativas representa 74,5% do faturamento do turismo nacional, ou R$ 43,4 bilhões por ano, conforme os Indicadores Econômicos de Viagens Corporativas (IEVC), segundo pesquisa realizada em 2014 pela Associação Latino Americana de Gestores de Eventos e Viagens Corporativas (ALAGEV).

Representatividade de viagens corporativas entre 2012-2014

Ano	Valor (R$ 1.000,00)	Variação anual (%)
2012	32.310.958,83	12,88
2013	36.789.257,72	13,86
2014	40.172.387,56	9,20

Fonte: ALAGEV, *IEVC 2015*.

O mercado de viagens corporativas contribui quatro vezes mais com o ingresso de divisas para o Brasil do que o de turismo de lazer, considerando como referência o gasto médio diário dos viajantes que nos visitam para fazer negócios (US$ 304,57) e turismo (US$ 73,77). Esses dados foram apontados na "Pesquisa de impactos econômicos dos eventos internacionais realizados no Brasil", desenvolvida pela FGV (Fundação Getulio Vargas) para a Embratur (Instituto Brasileiro do Turismo), a partir de 16 eventos internacionais realizados nas cinco regiões do país, entre os meses de março e agosto de 2014, quando foram consultados 1.659 participantes nas cinco regiões do Brasil.

Vários outros dados relevantes também foram obtidos, revelando informações sobre o perfil desses desejados visitantes corporativos, entre os quais pode-se destacar:

Origem
- 23% Europa
- 20% América do Norte
- 6,2% América do Sul

Sexo
- 58,6% são homens
- 41,4% são mulheres

Faixa etária
- 54,4% têm entre 25 e 44 anos

Escolaridade
- 97,4% têm nível superior

Renda mensal
- 41,9 % recebem acima de US$ 4.000,00

Turismo de negócios ou viagens corporativas?
Profissionais que lidam diariamente com viagens quando ouvem o termo "turismo", em geral, o relacionam ao lazer. As empresas até evitam usá-lo ao tratar de viagens corporativas, realizadas *a trabalho, a negócios*. O World Travel & Tourism Council (WTTC), organização internacional de executivos de viagens e turismo que promove essa indústria ao redor do mundo, considera turismo e viagens como diferentes segmentos por terem, cada um, sua especificidade. Desse modo, vamos também evitar o termo "turismo" para que ele não seja confundido com a ideia de viagens de lazer. Vale ressaltar que, nos Estados Unidos, país que tem o mais desenvolvido setor de viagens corporativas do mundo, o termo utilizado é *business travel*, e não *business tourism*.

Visão geral

Viagens corporativas estão estabelecidas e sedimentadas nos países mais desenvolvidos – países europeus, Estados Unidos e Austrália –, onde a profissionalização e o posicionamento de produtos e serviços para esse setor e o lazer são diferenciados, com segmentações exclusivas, sejam elas para gestão, processos, hospitalidade, conceitos para o viajante, empresa-cliente, fornecedor (produtos) ou agência de viagem corporativa (Travel Management Company – TMC).

A gestão de viagens corporativas varia em maturidade e grau de desenvolvimento tecnológico, dependendo da cultura e da complexidade dos países. Por exemplo, na região Ásia-Pacífico, esse setor começou a se organizar desde meados da década de 2000, por se tratar de uma área que apresenta grande diversidade cultural, devido aos países envolvidos. Assim, os desafios mais complexos são a padronização e a harmonização de processos.

Tendências: os quatro pilares

Análise diferenciada de dados | Inovações da indústria | Foco do viajante | Desenvolvimento profissional

A figura anterior demonstra os quatro pilares de tendências para o ano 2020, que vêm sendo apresentadas em recentes congressos da Association of Corporate Travel Executives (ACTE). Esses pilares serão utilizados como parâmetro para compararmos com o mercado brasileiro.

ANÁLISE DIFERENCIADA DE DADOS

A análise dos dados da conta de viagens do cliente sempre foi fundamental para a gestão eficiente das empresas, pois permite a compreensão dos gastos em viagens e eventos.

A análise diferenciada de dados disponíveis é realizada conforme variados tipos de necessidades. Defende-se o conceito de *smart data* (dados inteligentes) para a obtenção de maior eficiência, melhores decisões estratégicas e, consequentemente, um planejamento mais assertivo. De forma mais consultiva, analítica e personalizada, e de acordo com a necessidade de cada *stakeholder*, o negócio ficará mais transparente para todos os envolvidos.

Nesse sentido, por exemplo, as informações que interessam ao chefe do viajante podem não ser valiosas ao comprador de viagens e eventos, e vice-versa. Essas informações podem até ser provenientes do mesmo lugar, mas o chefe do viajante quer saber se os valores das viagens estão dentro do *budget* de seu centro de custo, se algum viajante não cumpriu a política de viagem, se a relação custo-benefício está sendo aplicada, de que modo isso ocorre, etc. Já o comprador precisa de uma análise que apresente indicadores de *performance*, Average Ticket Price (ATP), ou preço médio do bilhete, Average Room Night (ARN), ou diária média, trechos não voados, adoção de Online Booking Tool (OBT), *savings*, *cost avoidance*, etc.

Cada *stakeholder* – CEO da empresa, departamento financeiro, gestores de viagens e eventos, entre outros – demanda diferentes análises dos dados de viagens e eventos.

INOVAÇÕES DA INDÚSTRIA

A inovação em viagens e eventos está sendo muito valorizada por todos os atores desta indústria, principalmente pelo viajante, que é quem usufrui dos produtos e do cliente gestor no que diz respeito às novidades para a sua gestão, sugeridas por sua TMC ou fornecedores, relativas à tecnologia e/ou aos melhores processos de negociação e compras dos serviços de viagens e eventos.

Para a mobilidade do viajante, novos aplicativos, serviços e tecnologias, que revolucionam a forma de comprar e de viajar, são sempre bem-vindos.

> **Termo "indústria"**
> Sabemos que viagens corporativas fazem parte do setor terciário de produção, correspondente a serviços, e não do setor secundário, que abrange indústrias. Todavia, será utilizado o termo "indústria" para nos referirmos ao setor de viagens corporativas, pois em inglês é comum usarmos o termo *travel industry*, indústria de viagem.

FOCO DO VIAJANTE

Traveler centricity (o viajante como centro do negócio) trata de uma das tendências mais fortes ligadas à nova geração de viajantes; assunto que abordaremos com mais profundidade na seção "Gerações" (p. 24).

Para entendermos as necessidades do viajante, precisamos nos colocar no lugar desse consumidor, com o propósito de criar um programa de viagens que lhe atenda satisfatória e confortavelmente. Assim, faz-se necessária a atenção à:

- Política de viagens simplificada.
- Comunicação mais assertiva.
- Disponibilização de ferramentas eficazes.

DESENVOLVIMENTO PROFISSIONAL

Toda a cadeia produtiva – clientes e fornecedores – precisa se profissionalizar para atuar nesse mercado estruturado em processos e estratégias, que demandam planejamento, gestão e técnicas para funcionar. Há várias associações e instituições com dados de mercado, além de eventos relacionados e cursos especializados.

A profissionalização é o alicerce para o crescimento mais rápido e concreto dessa indústria e depende não só de empresas e empresários mas também do reconhecimento do governo e da disposição de cada profissional em aumentar seu horizonte de conhecimento.

Desenvolvimento, desafios e oportunidades do mercado brasileiro

DESENVOLVIMENTO

Devido à velocidade da informação e à internet, o Brasil tem se desenvolvido cada vez mais rápido nesse setor, e hoje em dia apresenta práticas e processos muito similares aos dos norte-americanos, que têm sido referência. Nesse cenário, o papel do gestor de viagens corporativas e da Travel Management Company (TMC) se modifica constantemente.

As empresas esperam que seus gestores de viagens atuem cada vez mais na gestão estratégica de viagens, deixando toda a parte processual e operacional para a TMC. Além disso, atualmente, por conta das especificidades do mercado de viagens e eventos, dentro das estruturas funcionais dos fornecedores existem departamentos e equipes – Account Manager, Operações, Vendas de MICE, Vendas de Corporativo, entre outros – dedicados a atender ao cliente corporativo e às TMCs.

DESAFIOS

O mercado brasileiro tem, assim como o latino-americano, asiático e outros, particularidades e desafios estruturais no setor. Alguns dos maiores desafios encontram-se na distribuição dos produtos (companhias aéreas, hotéis, locadoras e outros *players* da indústria) e na conectividade desses fornecedores com as tecnologias GDS e OBT, que interferem muito na produtividade de reserva e compra de bilhetes aéreos, hotéis, etc. das TMCs, impactando no custo e nível de serviço oferecidos a seus clientes.

> Atualmente, a maioria dos consultores das agências ou TMCs acessa em uma única interface (página/tela) diferentes preços de passagens de variados canais de distribuição e companhias aéreas, mas o inventário *on-line* da hotelaria, por exemplo, ainda deixa muito a desejar.

Toda mudança gera dificuldades para alguns e oportunidades para outros. Nesse momento de transição, surgiram os agregadores de conteúdo (tecnologia), com sistemas capazes de demonstrar e comparar de uma só vez o conjunto de dados de todos os sistemas de distribuição – portais, *sites*, GDSs, etc. –, com informações de companhias aéreas e hotéis. Além disso, desenvolveram-se também empresas com tecnologias, serviços e sistemas capazes de facilitar a consolidação de hotéis independentes para serem disponibilizados *on-line* para as TMCs e OBTs.

Outro grande desafio é a falta de profissionalização em viagens e eventos corporativos no Brasil. Por exemplo, nas matrizes curriculares dos cursos de turismo, com raríssimas exceções, não existem disciplinas dedicadas ao estudo desse negócio. O tema é tratado apenas superficialmente como uma segmentação do mercado. Assim, o estudante sai da graduação sem a mínima condição de trabalhar no setor. A preparação técnica dos estudantes de turismo na universidade seria o ideal, tendo em vista o grande volume monetário gerado por essa indústria.

Diante desse cenário, os empresários do setor, principalmente de TMCs, precisam treinar seus colaboradores para que estejam aptos a atender aos seus clientes corporativos.

Outras iniciativas importantes na área de atualização surgem no Latin American Corporate Travel Experience (LACTE), evento organizado pela ALAGEV, que há dez anos divulga tendências globais para toda a cadeia produtiva, e nos *Abroads*, que são *roadshows* de treinamentos que rodam o Brasil, capacitando tecnicamente os clientes corporativos e funcionários das TMCs sobre viagens e eventos.

Há ainda atividades desenvolvidas pelos comitês de profissionais por meio de associações, como a própria ALAGEV, em que clientes (gestores) e fornecedores de viagens e eventos (por meio de *benchmarking*) produzem materiais e cartilhas para o mercado.

OPORTUNIDADES

Com a visibilidade e segmentação das viagens corporativas no Brasil, o mercado se tornou mais atrativo para *players* não tradicionais, como consolidadoras, operadoras, Online Travel Agencies (OTAs), agências de turismo, tecnologia e *start ups* de *apps*, entre outros, que direta ou indiretamente trabalham para o cliente corporativo e o viajante, principalmente em relação à aquisição de passagens aéreas.

O grande desafio para o gestor de viagens é convencer seus *stakeholders* a não focarem somente no preço dos produtos de viagens mas também a pensarem na gestão, pois é preciso haver controle, rastreamento, gerenciamento financeiro e de risco das viagens a negócios. Isso só se torna possível quando se tem um parceiro que esteja capacitado e seja especialista nesse tipo de administração, que gerencie e preste permanente consultoria de melhores práticas, com ferramentas e processos adequados à conta de viagens e ao perfil da empresa-cliente e seus viajantes. Essas empresas especializadas são as TMCs.

Viajante corporativo e gestão de viagens

O viajante corporativo é um funcionário ou um prestador de serviço que, em nome da empresa, tem entre suas responsabilidades fechar negócios, participar de reuniões, fazer vendas, prestar assistência técnica, etc., em localidades diferentes de onde reside ou trabalha, tanto em território nacional como no exterior.

Até os anos 1990, ser viajante corporativo estava relacionado à competência, *status* e *glamour*, por isso a gestão de viagens estava ligada ao setor de recursos humanos das empresas. Viajar era quase encarado como um benefício concedido ao colaborador, pois, nessa época, o custo, principalmente da passagem aérea, era muito alto.

Com o surgimento de companhias aéreas mais eficientes, com valores de passagem mais atraentes, a viabilidade e o preço para viajar a negócios ou a lazer mudaram, e, atualmente, viajar pode ser um desafio para o viajante, que precisa se planejar desde a hora em que sai de casa para o aeroporto até sua chegada ao destino, pois enfrenta trânsito, aeroportos lotados e outros desafios.

GERAÇÕES

O perfil do viajante de hoje – o consumidor, no caso de viagens corporativas – é analisado pela geração a que pertence e não por classe social, como no turismo de lazer. Ele é cada vez mais jovem e, em sua maioria, da geração milênio – nascido após 1977 (ou vinculado às gerações Y, Z e W). Ele é mais independente, conectado 24 horas/7 dias por semana e quer soluções e serviços rápidos e *on-line*, o que gerou uma nova dinâmica para a indústria de viagens, que precisou se transformar para atendê-lo. Os viajantes *baby boomers* – nascidos antes de 1977 – precisavam de serviços mais estruturados e tiveram de se adaptar rapidamente às ferramentas e serviços pautados por viajantes mais jovens. Nas empresas, é muito comum encontrar um misto de viajantes das gerações *baby boomers* e milênio.

Gerações	Baby boomers	Geração X	Geração Y (milênio)
Nascimento	1945 a 1965	1965 a 1977	A partir de 1977
Vida	*Otimistas* em relação à mudança do mundo político, viveram uma fase de engajamento contra ditaduras e poderes tiranos.	Céticos e politicamente apáticos, *refletem as frustrações da geração anterior* e assumem a posição de *expectadores* da cena política.	*Otimistas* em relação ao futuro e *comprometidos* em mudar o mundo na esfera ecológica. Têm senso de justiça social e se engajam em voluntariados.
Trabalho	*Workaholics*, valorizam o *status* e o crescimento profissional. São *políticos*, formam alianças para atingirem seus objetivos.	Gostam da *informalidade no trabalho* e buscam *equilíbrio* entre a *vida profissional* e *pessoal*.	São *extremamente informais*, agitados, ansiosos, impacientes e imediatistas. Acompanham a velocidade da internet.
Consumo	São responsáveis pelo estilo de vida que valoriza *conquistas materiais*, como casa, carros e acesso ao entretenimento.	Sentem-se à vontade com a *tecnologia* e já têm gosto pelo *consumo de equipamentos eletrônicos*.	*Tecnologia* e *diversidade* são coisas naturais da vida. Usam todos os recursos do celular e precisam estar conectados.
Trabalhando	São fiéis às organizações em que trabalham, desenvolvendo *vínculo* com a empresa.	*Não se fidelizam às organizações*, priorizam os *interesses pessoais* e não veem com bons olhos um currículo de vinte anos em uma mesma empresa.	A falta de cerimônia com os pais leva à *indiferença em relação à autoridade*. Admiram a *competência real*, e *não a hierarquia*.
Cotidiano	Necessitam de *justificativas profundas* e *estruturadas* para tomar decisões.	Trabalham com *entusiasmo* quando têm foco definido; há *necessidade de feedback*.	Vivem com *sobrecarga de informações*, o que dificulta a correlação de conteúdos.

RELAÇÕES

Entre as diversas mudanças que ocorreram no mercado de viagens e eventos nos últimos anos, a relação com o novo viajante sofreu grande impacto: gestão, política, serviços e produtos se modificaram para que fosse desenvolvido um novo tipo de relacionamento com ele, que possui, atualmente, mais autonomia e poder nas decisões de suas viagens.

O viajante atual tem o seguinte perfil:

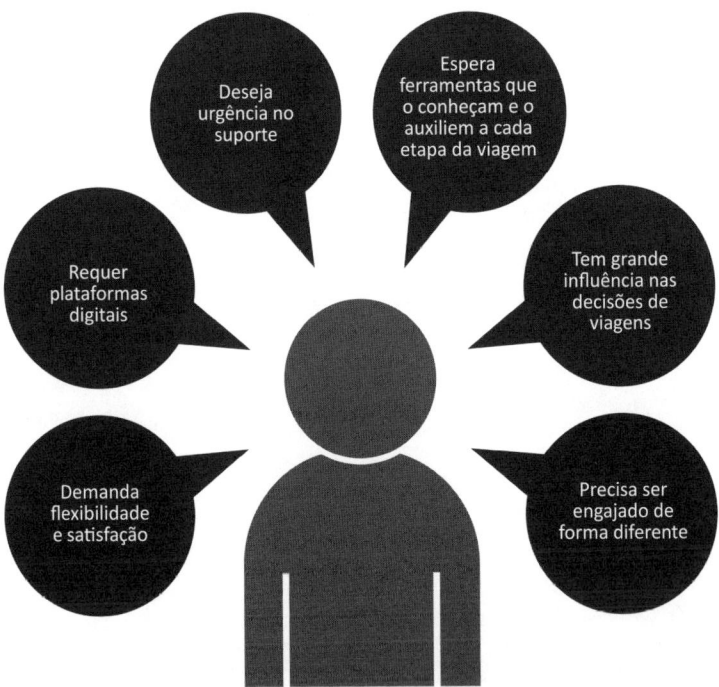

CARACTERÍSTICAS DE CADA TIPO DE VIAJANTE

Além das gerações, precisamos entender como se sentem os vários tipos de viajantes – o corporativo (a negócios), o que faz viagem de incentivo, o participante de eventos e o turista (a lazer) – para desenvolver melhor produtos e serviços voltados a cada um deles.

A seguir, apresentamos, além do perfil dos viajantes e das características de cada segmento, quem paga a conta (pessoa física – CPF – ou jurídica – CNPJ).

CORPORATIVO	INCENTIVO	EVENTO	LAZER
• CNPJ	• CNPJ	• CNPJ	• CPF
• Tempo é dinheiro	• *Free time*	• Agenda programada	• *Free time*
• Obrigação	• Recompensa	• Obrigação	• Prazer
• Solidão	• Companhia	• Grupo	• Companhia
• Estresse	• *Relax*	• Momento único	• *Relax*
• Escolha corporativa	• Escolha corporativa	• Escolha corporativa	• Escolha pessoal
• Vários clientes	• Vários clientes	• Vários clientes	• Um único cliente

O viajante a lazer, quando em viagem corporativa, age de modo diferente, pois tem, nessa situação, necessidades diferentes.

OBRIGAÇÕES

As políticas ou normas de viagens empresariais se tornaram mais flexíveis, e a tendência – como será discutido mais adiante – é a de que passem de mandatórias para sugeridas, com o propósito de conquistarem os viajantes e engajá-los, de maneira mais efetiva, no programa de viagens determinado. Esse programa precisa da colaboração e adesão do viajante na hora da compra direta (via OBT) para que o gestor de viagens consiga atingir as metas estabelecidas em suas negociações com os fornecedores e alcançar os *savings* para a empresa.

O DESAFIO DO GESTOR

O gestor responsável por planejar, programar e negociar o programa de viagens para a empresa-cliente normalmente se faz a seguinte pergunta:

Como equalizar os objetivos da empresa – segurança, conforto, custo e *savings* **– com a maximização da experiência de viagem que o viajante deseja?**

Quando falamos de experiência do viajante, estamos nos referindo ao bom resultado de todas as etapas da viagem, desde uma ótima logística de transporte, com serviços e produtos de excelência, até todo o conforto de que ele precisa para sua mobilidade (equipamentos e tecnologia). Uma viagem bem-sucedida possibilita a esse executivo, além de cumprir seus compromissos de negócios, ter experiências ou vivências positivas, sentindo-se bem mesmo fora de casa.

Entre todas as mudanças e o desenvolvimento de produtos e serviços voltados para a experiência dos viajantes, um dos negócios que mais rapidamente se desenvolveu para antecipar suas necessidades e garantir-lhes ótimas experiências foram os aeroportos. Estes deixaram de ser apenas infraestruturas aeroportuárias para se transformarem em grandes centros de serviços e entretenimento, com o objetivo de se tornarem locais onde o viajante tenha prazer em estar.

> Ao fazer parcerias com companhias aéreas que fazem conexão em aeroportos considerados polos de serviços e experiências – possuem em suas instalações áreas de espera com cadeiras confortáveis, *wi-fi free*, além da disponibilização de aplicativo móvel com informações sobre o aeroporto e outras facilidades, como carrinhos que agilizam a locomoção pelo terminal (*terminal express*), salas de reuniões, etc. –, o gestor oferece ao viajante boas vivências.

DICAS PARA O NOVO VIAJANTE

Antes de arrumar a mala, o viajante deve verificar a documentação de viagem com antecedência e ter em mente os seguintes itens principais:

- E-ticket impresso ou eletrônico (no celular ou *tablet*).
- Documento de identificação com foto original, e em bom estado, ou passaporte com validade mínima de 6 meses, para voos internacionais. Documentos emitidos por outros órgãos ou associações não são válidos.
- Vacinas, caso sejam exigência do destino (tomá-las com antecedência).
- Voucher (físico ou eletrônico) do hotel.
- Cartão de crédito, pré-pago e/ou moeda local.
- *Roaming* internacional ativado ou chip internacional.
- Roteiro da viagem e agenda de compromissos profissionais.
- Informações sobre cultura e comportamento do referido país.
- Contratar serviços confiáveis de transporte.
- Seguro-viagem e ter conhecimento de instruções de emergência.
- Ter sempre à mão números de telefones de contato no destino e informá-los aos familiares.
- Cuidado especial com o *laptop* e *tablets*:
    - proteger as informações da empresa (senhas) e usar sempre o cofre dos hotéis;
    - nunca os despachar – sempre levar consigo a bordo;
    - sempre os transportar no porta-malas do táxi ou do carro alugado;
    - redobrar a atenção durante o check-in do aeroporto e prestar atenção para não esquecer a bagagem nos lobbies de hotéis.

> Ter informações importantes, e-ticket e voucher impressos é um cuidado importante, pois o viajante pode ser surpreendido, em algum momento, com o não funcionamento de seus aparelhos eletrônicos.

Após certificar-se de que cumpriu todos os itens, o viajante deve começar a arrumar a mala.

Para poder organizá-la de maneira racional, é preciso ter a agenda de compromissos em mãos e saber as previsões climáticas durante o período da viagem, preocupando-se, claro, com as restrições de peso e quantidade de bagagem.

Ele pode levar a sua bagagem consigo na cabine do avião, desde que ela esteja dentro dos limites preestabelecidos pelas companhias aéreas. É importante levar uma muda de roupa na mala de mão para o caso de uma emergência, ou da mala não chegar com o passageiro. Acredite: isso acontece com mais frequência do que podemos imaginar.

> Sugerimos levar roupas de tons neutros, peças-chave, condizentes com os compromissos, tecidos que não amassem, sapatos pretos (para as mulheres, dois pares: um alto e um baixo) e variar somente nos acessórios – gravatas, colares, lenços e bijuterias.

Cadeia produtiva

ANTIGAS RELAÇÕES

Ao analisarmos a cadeia produtiva do mercado de viagens e eventos corporativos, faz-se necessário entender um pouco como ocorriam as relações comerciais na década de 1990.

Os fornecedores da indústria (companhia aérea, hotéis, entre outros) se relacionavam diretamente com as agências de viagens, e toda a negociação de condições comerciais, metas, promoções e descontos era tratada somente entre essas duas partes. O cliente corporativo era atendido pela agência de viagens e usufruía das negociações que eram feitas por ela. Nessa época, a maioria dos fornecedores comissionava as agências pelas vendas efetuadas e, dependendo do volume e metas, ainda as bonificava com uma comissão adicional, conhecida como *over commission*. Desse modo, era comum o cliente (empresa) ainda receber da agência de viagens um valor referente a parte dessa comissão, o conhecido "rebate". Era uma relação no mínimo interessante de se analisar: uma agência prestava serviços para um cliente (empresa) e ainda devolvia uma quantia (em dinheiro, crédito ou desconto em fatura); em outras palavras, uma agência prestava o serviço e ainda pagava o cliente.

Nesse cenário, a estratégia comercial era por iniciativa da agência de viagens, e o cliente pouco influenciava. Os conceitos de níveis de serviço (Service Level Agreement – SLA) praticamente inexistiam, e qualquer contato com o fornecedor era intermediado pela agência. Essa situação começou a mudar quando os fornecedores, principalmente as companhias aéreas, eliminaram as comissões, reduzindo, assim, a receita das agências de viagens. Em consequência, as agências pararam de pagar os rebates e foram obrigadas a cobrar do cliente pela prestação de serviços. Nada mais normal em uma relação cliente-fornecedor. Aí nasceram os modelos de precificação denominados *fees*.

As relações comerciais então se expandiram, pois o cliente corporativo começou a se relacionar diretamente com os fornecedores, de acordo com seus interesses e estratégias, negociando condições comerciais e assinando contratos.

A interação entre o cliente e a agência também mudou. A partir do momento em que o cliente começou a pagar pelos serviços da agência, as cobranças por qualidade e eficiência aumentaram. A agência, que desempenhava função reativa e operacional, teve de se adaptar a novas demandas e necessidades dos clientes, que solicitavam um papel mais consultivo e proativo. Surgiram, então, as TMCs, ou empresas de gerenciamento de viagens, nova nomenclatura das agências de viagens especializadas em atendimento corporativo.

NOVAS RELAÇÕES

As TMCs têm o papel de fazer a gestão e operação do programa de viagens do cliente, auxiliando-o no dia a dia por meio de consultoria. São elas que possuem os dados de volume e comportamento de compra dos clientes e, aliando-os ao seu conhecimento de mercado e melhores práticas, ajudam as empresas a obterem resultados mais expressivos com a gestão dos fornecedores.

Porém, no Brasil e na América Latina, não é incomum encontrarmos o modelo antigo em funcionamento, no qual a TMC ainda domina e direciona o relacionamento com os fornecedores.

No segmento corporativo, tanto de viagens como de eventos, o relacionamento com os *players* da indústria é muito dinâmico e diversificado, e envolve, de formas diferentes, um grande número de interações.

À frente das negociações, nas empresas-cliente, está o gestor de viagens corporativas, que se relaciona com todos os *players* – fornecedores, TCMs e associações – de forma direta ou indireta. As negociações com os fornecedores serão mais bem explicadas na seção "Parcerias" (p. 56), no capítulo "Programa de viagens corporativas".

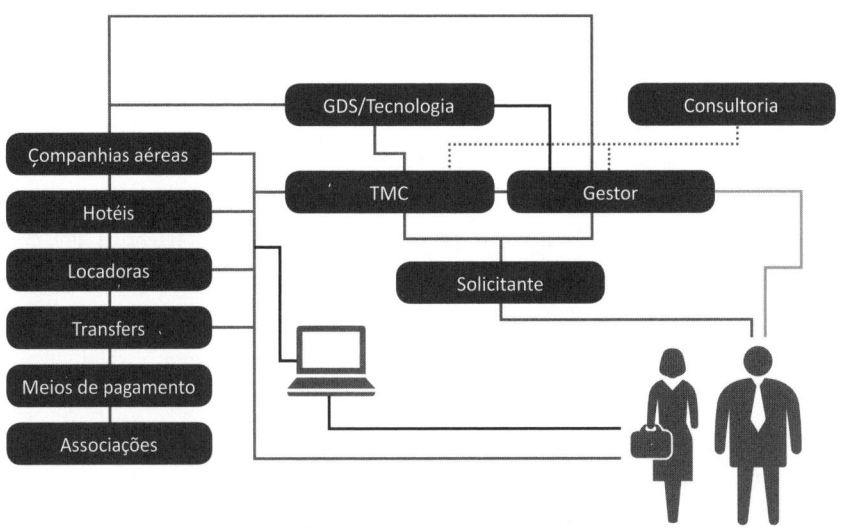

TMCs x gestores

- Custos
- Administração
- Especialização
- Transparência
- Serviços
- Consultoria
- Relatórios
- Atendimento

RELAÇÕES ENTRE OS *PLAYERS*

Travel Management Company (TMC)

A TMC é muitas vezes o *player* central no mercado de viagens e eventos corporativos. Como o seu papel fundamental será detalhado no capítulo "Programa de viagens corporativas" (p. 45), descreveremos, neste momento, somente as relações entre as partes.

A TMC, por concentrar a maioria dos processos – reservas, compras, emissões, pagamento e consolidação de dados –, é o *player* que detém o maior número de informações sobre o comportamento de compras da empresa e, consequentemente, sobre a utilização dos fornecedores. Ela é fundamental para os clientes, pois presta consultoria e oferece as melhores condições de negócio, do ponto de venda (atendimento) até a gestão – em conjunto com o gestor de viagens, analisa o comportamento de compras e sugere atualizações das políticas, novas negociações e inovações de produtos e serviços. Além disso, a TMC tem como um de seus serviços abastecer o cliente com informações do mercado de aviação, que é muito dinâmico.

Para atender a essas demandas, a TMC está sempre em contato com todos os fornecedores do mercado. Ao negociar e se relacionar com eles, ela cria programas de parcerias, nos quais pode oferecer tarifas negociadas àqueles clientes que possuem pouco volume financeiro para negociar diretamente com os fornecedores específicos e até intermediar negociações em nome do ou para o cliente.

A TMC estabelece relações também com as empresas de tecnologia, negociando a contratação de sistema de distribuição (GDS), tecnologias de *back office*, integradores de conteúdo, que buscam tarifas e conteúdo nos *sites* de companhias aéreas, Enterprise Resource Planning (ERP), entre outros serviços. Muitas vezes oferecem essas tecnologias para seus clientes, como veremos no capítulo "Tecnologia em viagens corporativas" (p. 91).

Companhias aéreas

O maior gasto dentro da conta de viagens corporativas geralmente são as passagens aéreas. As empresas-cliente, em sua maioria, assinam acordos comerciais diretamente com as companhias aéreas, que lhes beneficiam com descontos ou outro tipo de vantagem (por exemplo, milhas corporativas), quando uma empresa não possui alto volume para negociar um desconto.

No Brasil, existe uma gama muito grande de companhias aéreas internacionais que operam com várias frequências em muitas cidades brasileiras. As nacionais e regionais apresentam malha aérea abrangente e ofertas voltadas cada vez mais ao cliente corporativo.

O gestor de viagens e/ou o comprador da empresa-cliente precisa ter um programa de companhias aéreas bem estabelecido e controlado, com uma base restrita de *players*, para que haja uma parceria de ganha-ganha com seus fornecedores preferenciais.

A opção por um programa aberto, ou seja, acordo comercial com muitas companhias aéreas, não traz vantagens para o cliente: este não forma parceria com nenhuma delas, o que torna difícil atingir as metas do acordo.

As companhias aéreas geralmente possuem um setor exclusivo para atendimento a TMCs e clientes corporativos, já que o comportamento, a venda e o suporte (por venda) desses dois segmentos são muito distintos.

> Em relação a Meetings, Incentives, Conferences and Exhibitions (MICE), cada vez mais fornecedores vêm criando outra divisão ou subdivisão do corporativo dedicada a essa categoria (ver p. 126).

As companhias aéreas fazem acordos de parcerias também com as TMCs para beneficiar os clientes que possuem pequeno volume de compra e que não estabeleceram acordo comercial. Além disso, relacionam-se diariamente com os funcionários das TMCs para dar suporte operacional e consultivo.

> Uma das discussões mais recorrentes é sobre a utilização, pela empresa, das milhas obtidas pelos viajantes em suas viagens corporativas. Juridicamente, pelo motivo de os programas de fidelidade estarem vinculados ao CPF do viajante, as empresas não podem se apoderar dessas milhas. Outros fatores que impedem essa prática são a complexidade de gestão dos pontos de cada viajante, a dificuldade em reservar lugares nos voos e as taxas e penalidades por conta de alterações na passagem aérea, além de a TMC não ter acesso à reserva e não ter o poder de fazer tais alterações. Essas reservas, como são feitas diretamente nas companhias aéreas, não são visualizadas pela TMC e tampouco abastecem os sistemas de rastreamento de viajantes das empresas.

Hotéis

Os clientes corporativos criam seus programas de hospedagem anualmente e negociam diretamente com os hotéis independentes ou cadeias de hotéis, com o suporte de sua TMC. Trata-se de um relacionamento fundamental, pois é muito positivo que o cliente saiba das vantagens do serviço oferecido diretamente por esses fornecedores.

A negociação ou renovação de contrato com o hotel deve passar por avaliações que levem em conta a opinião do viajante, o qual costuma dar mais *feedbacks* sobre os hotéis do que sobre as companhias aéreas, por meio de pesquisa de satisfação ou notificando diretamente o gestor ou a TMC.

Em geral, o programa de hotéis exige mais tempo, visto que é preciso negociar com muito mais parceiros hoteleiros, e a quantidade de hotéis independentes, principalmente no Brasil, é muito maior que a de outras empresas relacionadas a este mercado.

> Um aspecto muito importante a ser observado é que, devido à quantidade de *players*, uma estratégia deve ser traçada pelo gestor no relacionamento com a hotelaria independente e com redes hoteleiras.

Grande parte dos acordos corporativos é assinada entre clientes e hotéis, cujo relacionamento é muito similar ao destes com o das companhias aéreas, uma vez que, com frequência, existem estruturas de atendimento específicas para o viajante corporativo e MICE. O contato dos hotéis com os clientes é feito sempre por um representante da rede (gerente de contas, executivo de vendas, etc.) e/ou da propriedade. É muito comum também em hotelaria existir uma estrutura de relacionamento diferenciada para eventos, pois essa é uma área cada vez mais importante para o hotel, representando em algumas propriedades a maior parte do seu faturamento, e envolve também A&B, infraestrutura, suporte a eventos, etc.

As TMCs geralmente disponibilizam as informações gerenciais (relatórios de volume, ARN e número de pernoite, entre outras informações) para que os clientes possam negociar com os hotéis; porém, se a empresa-cliente possui cartão de crédito corporativo para o pagamento de hotelaria, as informações podem vir dessa fonte.

As TMCs também se relacionam com a hotelaria e desenvolvem programas de parceria com hotéis independentes ou de redes com o propósito de oferecer tarifas negociadas para seus clientes, em cidades e/ou propriedades onde estes não têm fácil acesso de negociação.

> Para que as informações sejam acuradas, a política de viagens deve definir o canal de reserva e compra de noites de hotéis e o meio de pagamento. Caso as reservas não sejam feitas pela TMC, podem-se perder informações gerenciais e a possibilidade de rastreamento dos viajantes, dados que precisam ser de conhecimento da diretoria da empresa.

Outra relação importante no mercado de viagens se dá entre a hotelaria e os fornecedores de tecnologia, pois o hoteleiro tem a necessidade de distribuir seu inventário por diversos canais, como GDSs, OTAs, OBTs e seus próprios *sites*. Além disso, a hotelaria também estabelece relações com empresas fornecedoras de sistemas de *front office* (balcão/atendimento) e *back office* (gerenciamento interno). Esses sistemas (distribuição, *front* e *back office*) devem estar integrados para que o viajante, ao chegar no hotel, tenha a sua reserva confirmada e, ao sair, tenha todas as despesas devidamente contabilizadas.

Locadoras de veículos e empresas de logística de transporte (transfers)

Trata-se de dois *players* de fornecimento de transporte terrestre que são utilizados e contratados para viagens e eventos corporativos. A locadora de veículos geralmente é contratada para transporte individual ou de pequenos grupos – capacidade média de transporte de quatro pessoas, somadas ao motorista. Já o serviço de transfer é contratado para transporte executivo individual (carro de luxo, blindado ou não) e para grupos (carros, vans, micro-ônibus e ônibus).

O segmento de locação vem crescendo no Brasil, pois as empresas-cliente, representadas pelos gestores de viagens, analisaram e concluíram que o custo do serviço de táxi pode ser maior que o de locação em alguns destinos ou rotas, como do centro das cidades para aeroportos. Cada vez mais, o gestor de viagens e eventos estabelece relacionamentos e acordos corporativos com esses *players*, dentro de seu programa de viagens.

Muitas empresas-cliente e TMCs já incluem as locadoras e empresas de logística de transporte em seus programas de parcerias. A estrutura de atendimento (venda e pós-venda) nesses *players* também é segmentada, disponibilizando profissionais exclusivos para o cliente corporativo. Além disso, as locadoras ainda se relacionam com empresas de tecnologia para terem seu inventário distribuído por todos os canais. Para as empresas de receptivo, no entanto, a distribuição eletrônica é um pouco mais difícil, pois transportam um grande número de pessoas e atendem a diferentes eventos e/ou executivos. Não foi desenvolvida ainda nenhuma tecnologia para que o cliente corporativo possa fazer as reservas diretamente com o fornecedor.

Associações

O mercado de viagens e eventos corporativos encontra-se bem desenvolvido nos Estados Unidos e Europa, onde existem associações dedicadas ao segmento, há mais de 45 anos, que se relacionam com a cadeia produtiva de viagens corporativas pelo desenvolvimento e profissionalização do setor. No Brasil, temos, há quase quinze anos, organizações formais nesse segmento.

Associação Latino Americana de Gestores de Eventos e Viagens Corporativas (ALAGEV)

A ALAGEV foi fundada em 2003 por gestores de viagens que, nessa época, trabalhavam em empresas-cliente (ABSJUD, Bayer, Cargill, GM, Philips, Promon e Sadia) e acreditavam que o caminho para padronizar processos e ter representatividade, bem como serem reconhecidos e respeitados, seria por meio da fundação de uma associação formal. A ALAGEV é a principal associação que representa o mercado de viagens e eventos corporativos, e, há mais de doze anos, fornece profissionalismo, atualização e formação aos associados e ao mercado, promovendo:

- Eventos, como o Latin American Corporate Travel Experience (LACTE), que há mais de dez anos é o principal evento do setor de viagens.
- *O Gestor*, newsletter que divulga as melhores práticas do setor.
- *ALAGEV News*, que informa as novidades aos associados.
- Elaboração de conteúdo e aprimoramento de práticas, por meio de comitês de trabalho. Tem como objetivos promover o networking e criar e produzir materiais e conteúdo prático para o desenvolvimento da indústria, como cartilhas, procedimentos, políticas e manuais. Os comitês possuem representantes de toda a indústria, segmentados por linhas de atuação, que realizam encontros mensais e se reúnem duas vezes ao ano.

Os comitês se subdividem em:
- Comitê de Executivos de Viagens (CE30) – clientes de viagens.
- Comitê de Gestores de Eventos (CEV) – clientes de eventos.
- Comitê de Logística para Eventos (CLE).
- Comitê de Aviação (CA).
- Comitê de Hotelaria (CH).
- Comitê de Tecnologia & Inovação (CTI).
- Comitê de Agências de Viagens Corporativas (CAC).
- Comitê de Meios de Pagamento (CMP).

- Comitê de Incentivos (CIN).
- Comitê da Indústria de Viagens (CIV), da Argentina – clientes e fornecedores.

Outras associações

Direta ou indiretamente, clientes e fornecedores participam de algumas associações, fóruns ou conselhos para que os interesses de cada segmento ou indústria sejam trabalhados e representados. As principais associações são:

- Association of Corporate Travel Executives (ACTE) – Associação norte-americana de viagens corporativas (http://www.acte.org).
- Global Business Travel Association (GBTA) – Assim como a ACTE, uma das mais importantes associações norte-americanas (http://www.gbta.org).
- Associação Brasileira de Agências de Viagens Corporativas (ABRACORP) – Representa as TMCs (http://www.abracorp.org.br).
- Associação Brasileira de Agências de Viagens (ABAV) – Representa as agências de viagem (http://www.abav.com.br).
- Fórum de Operadores Hoteleiros do Brasil (FOHB) – Representa as redes hoteleiras, nacionais e internacionais, com atuação no Brasil (http://www.fohb.com.br).
- Meeting Professionals International (MPI) – Umas das principais associações de profissionais de eventos (http://www.mpiweb.org).
- Associação Brasileira de Empresas de Eventos (ABEOC) – Coordena e defende os interesses de empresas associadas a entidades, empresas organizadoras, promotoras e prestadores de serviços para eventos cadastradas no Ministério do Turismo (http://www.abeoc.org.br).
- Associação Brasileira das Locadoras de Automóveis (ABLA) – Representa empresas associadas à entidade. Tem a missão de promover o desenvolvimento e a divulgação da atividade de locação de automóveis para fortalecer o setor (http://www.abla.com.br).

Gestor de viagens corporativas

É comum dizer que viagens corporativas representam a terceira maior despesa controlável de uma empresa; em geral, precedida apenas da despesa com folha de pagamento e com tecnologia.

Essa afirmação reforça ainda mais a necessidade de um profissional dedicado à gestão desses serviços e gastos em uma empresa-cliente: o gestor de viagens, como é comumente conhecido, ou *travel manager*, termo em inglês. Ele deve ter uma visão geral do mercado de viagens corporativas, conhecendo como cada *player* atua, para então se relacionar e gerenciar a prestação de serviços e a aquisição de produtos da cadeia produtiva desse setor.

Cada vez mais esse papel se torna estratégico, e as empresas buscam muitas vezes um profissional que já tenha trabalhado em alguma outra área da indústria, principalmente em TMCs, ou ainda em companhias aéreas ou hotéis, uma vez que conhecem um pouco da dinâmica e da linguagem específica do mercado de turismo e de viagens corporativas. É muito comum eles estarem alocados nas mais distintas áreas e formações. Cumprindo a função de gestor de viagens corporativas, podemos encontrar secretárias, assistentes administrativos ou financeiros, coordenadores, gerentes ou analistas de RH, compras ou logística.

Uma tendência observada é a subordinação, cada vez maior, da área de viagens corporativas e, consequentemente, do gestor de viagens à área de compras das empresas, por essa função ser muito dinâmica e apresentar necessidade de negociação constante para seu melhor exercício. Segundo pesquisa realizada em 2014 pelo Comitê de Executivos de Viagens, a organização de viagens corporativas fica subordinada aos seguintes setores:

Indústria de viagens corporativas

- Serviços compartilhados 4%
- Outros 4%
- RH 22%
- Suprimentos/compras 43%
- Finanças 26%

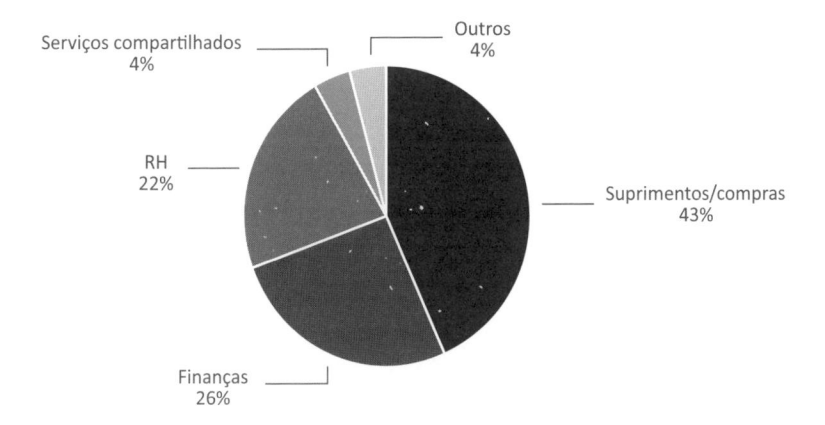

Fonte: ALAGEV. *Estatístico CE30 2014*.

Se observarmos o mesmo estudo e analisarmos em que cargo se encontra o responsável por essa área de gestão, vamos observar que, como mencionamos anteriormente, há uma variedade de profissionais, desde analistas até gerentes:

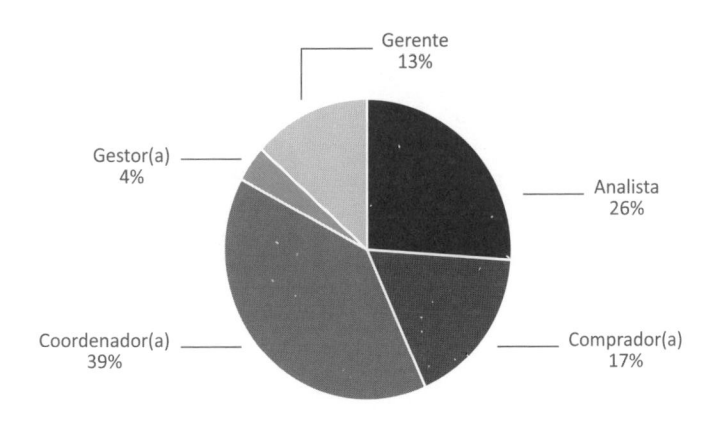

- Gerente 13%
- Gestor(a) 4%
- Analista 26%
- Coordenador(a) 39%
- Comprador(a) 17%

Fonte: ALAGEV. *Estatístico CE30 2014*.

Outra análise importante é o tempo de dedicação do profissional a esse negócio. Segundo os dados do Comitê de Executivos de Viagens (2014), 70% dos entrevistados dedica grande parte do tempo às questões relativas à gestão de viagens. Portanto, essa função se mostra cada vez mais merecedora de reconhecimento, afinal, ela é necessária e estratégica para as empresas e demanda profissionais dedicados e conhecedores do tema, dada a gama de relacionamentos e *budgets* em que o gestor se encontra inserido.

O escopo de trabalho do gestor de viagens é bastante amplo e tem muitas atribuições importantes e técnicas que exigem conhecimento profundo sobre a área e os relacionamentos, a tecnologia e a particularidade de cada um dos componentes do mercado (companhias aéreas, hotelaria, meios de pagamento, etc.), como podemos ver na figura a seguir:

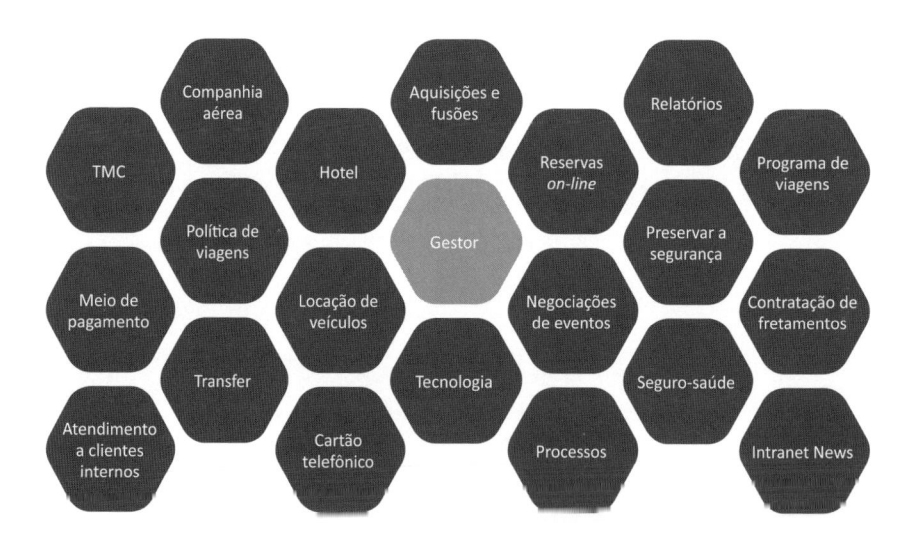

Relacionamentos, tarefas, interligações, responsabilidades com a segurança do viajante, formas de pagamento, tecnologias envolvidas, gestão de fornecedores, organização do negócio, logística e controle dos gastos, entre outras, podem ser funções bem complexas, dadas as características e dinâmicas desse mercado. O profissional envolvido, portanto, deve ser multifuncional e se aprofundar na área para conhecer toda a cadeia produtiva dessa indústria que usa, atualmente, os mesmos fornecedores de turismo, mas que precisa de técnica e profissionais especializados.

O trabalho do gestor somente poderá ser um fator estratégico à empresa se a área de viagens estiver organizada de acordo com a metodologia dos 4 Ps, a ser apresentada no próximo capítulo.

Programa de viagens corporativas

Não importa a qual área (de compras, administrativa, RH, finanças, diretoria, ou qualquer outro departamento) dentro da empresa está subordinada a responsabilidade pela contratação dos fornecedores, elaboração das políticas, operação e compra de serviços de viagens. É fundamental estabelecer processos para conseguir melhores custos de viagens e garantir segurança e conforto ao viajante, a fim de alavancar os negócios da empresa.

A gestão de viagens deve ser administrada e valorizada como qualquer outra linha de custo/despesa dentro do orçamento da empresa, uma vez que viagens corporativas representam o seu terceiro maior custo gerenciável. É importante ter em mente que organizar, padronizar e alinhar as expectativas da empresa e seus diversos negócios é essencial para otimizar a logística e o deslocamento do viajante. Isso servirá de premissa à elaboração do perfil e da política de viagens.

Gestão de viagens *versus* gestão de mudança

As empresas que hoje em dia possuem um setor de viagens bem estruturado passaram por um processo de change management, que consiste em mudar o olhar para a compra de viagens. O que antes era tratado como função ou atribuição de um funcionário, transformou-se em ferramenta de contribuição para geração de negócios da empresa. O executivo viajante precisa de mobilidade, segurança e conforto proporcionados pelo setor de viagens, para, assim, preocupar-se somente em atingir seus objetivos e gerar benefícios para a empresa.

Oferecer um programa de viagens estruturado e estratégico é a meta principal do departamento de viagens corporativas. Essa forma de gestão garante controle dos custos, facilita a adesão à política de viagens e envolve fatores fundamentais, entre os quais:

- Negociação – cada viagem é única. Para uma mesma viagem, ao se utilizar os mesmos fornecedores, pode-se encontrar custos diferentes.
- Mobilidade – envolve logística e movimentação de pessoas, que precisam ter flexibilidade e conexão 7x24x365 (7 dias por semana, 24 horas por dia, 365 dias por ano).
- Risco – prevenção e segurança fornecidas ao viajante.

A GESTÃO COMO UM PROJETO

Para se alcançar uma gestão de viagens eficiente, o responsável por essa área deve tratar a mudança, a construção, a reestruturação ou a renovação do departamento como um projeto, levando em consideração as etapas necessárias para preparar e liderar aqueles que nele estão envolvidos e, consequentemente, garantir o sucesso da empreitada. Veja essas etapas na figura a seguir:

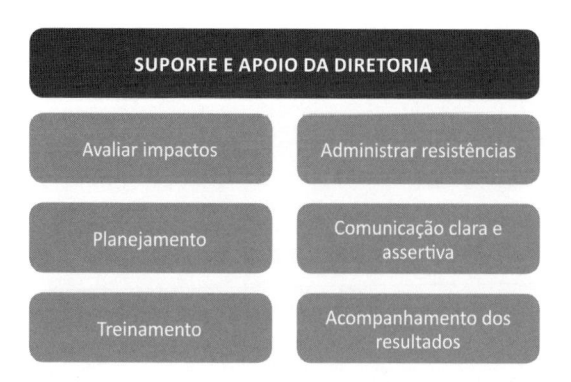

SUPORTE E APOIO DA DIRETORIA

- Avaliar impactos
- Administrar resistências
- Planejamento
- Comunicação clara e assertiva
- Treinamento
- Acompanhamento dos resultados

Como todo projeto, deverão ser apresentados aos *stakeholders* (chefes dos viajantes, diretoria da empresa, viajantes frequentes, etc.) os resultados alcançados, mediante demonstração qualitativa e quantitativa.

TRABALHANDO COM *STAKEHOLDERS*

Stakeholders, no contexto de gestão de viagens corporativas, podem ser viajantes, solicitantes, diretores, acionistas, fornecedores, profissionais do departamento financeiro ou qualquer outro que direta ou indiretamente interfira nas atividades gerenciais e de resultado de uma organização.

GESTÃO DE *STAKEHOLDERS*

Identificação Análise Comunicação Engajamento

Para garantir o sucesso de um projeto, o suporte dos *stakeholders* é fundamental. Portanto, torna-se de suma importância definir uma estratégia e gestão para eles, tendo como guia as seguintes ações:

- Identificação – buscar todos aqueles que podem influenciar positiva ou negativamente o projeto de viagens.
- Análise – avaliar de que maneira os *stakeholders* podem apoiar o projeto, e estudar a estratégia para que eles apoiem ou façam ajustes no planejamento.
- Comunicação – encontrar a comunicação ideal (canal, linguagem, *approach*, etc.) para atingir cada envolvido.
- Engajamento – iniciar as parcerias internas e externas, após as etapas de identificação, análise e comunicação serem realizadas.

Com o planejamento feito, é o momento de executar o projeto.

4 Ps da gestão de viagens corporativas – metodologia, objetivos e aplicação

PERFIL DA EMPRESA E DO VIAJANTE	POLÍTICA DE VIAGENS	PARCERIAS	PROCEDIMENTOS
• Informações específicas da empresa • Destinos e filiais • Tipos de viajantes • Volume de gastos • Volume de transações • Tipo de negócio	• Regras claras (poucas exceções) • Atualizada • Suporte da diretoria da empresa • Elaborada por um comitê • Que contemple todas as despesas	• TMC • Companhias aéreas • Organização de eventos • Hotéis • Locadoras • Meios de pagamento • Tecnologia • Outros	• Contratos • Treinamento • Workshop (divulgação) • Pesquisa de satisfação • Gerenciamento de despesas • Relatórios

O conceito dos 4 Ps, já implementado nos Estados Unidos e na Europa, foi desenvolvido e registrado no Brasil pela Academia de Viagens Corporativas, que utiliza essa metodologia em todos os seus projetos, além de disseminá-la pelo mercado de viagens e eventos, com o objetivo de facilitar o entendimento e organizar o programa de viagens.

O trabalho inicia-se pela análise do perfil da conta de viagens da empresa, de suas necessidades e características. Essa etapa deve ser executada pelo gestor, TMC ou consultoria. Terminada a análise, o gestor estará apto a criar o comitê de trabalho e começar a execução da política de viagens e, depois, a fase de negociações das parcerias e de implementação dos procedimentos do programa. Se for feito de forma organizada, o processo será eficiente e muito fácil de gerenciar, pois permitirá a obtenção de bons resultados e atualizações rápidas e eficazes, quando necessário. Se as necessidades da empresa mudarem, todo o processo deve ser revisto.

No programa de viagens, a ordem dos fatores altera o resultado. Os 4 Ps, que não são os mesmos do *marketing*, têm de ser trabalhados exatamente na ordem descrita para que o processo de construção e gestão de um departamento de viagens se torne estruturado e alcance os resultados esperados (gestão, *savings*, controle, etc.).

> O perfil de viagens da empresa se modificará a cada vez que ela investir em aquisições, fusões ou venda de diferentes negócios, pois, a cada movimento desses, os tipos de viajantes e clientes podem mudar, o que implica alterações no programa de viagens – de sua política até novos procedimentos. De qualquer forma, é muito importante atualizar o perfil da empresa e refazer o processo todo.

PERFIL DA EMPRESA E DO VIAJANTE

Esse é o primeiro passo do programa de viagens. Costumamos dizer que é a fase de autoavaliação ou autoconhecimento, a qual vai nortear o sucesso dos próximos passos. O profissional que fará a gestão de viagens, seja de qual área da empresa trabalhar, terá de empreender tempo e atenção nessa fase, pois cada detalhe é importante e nada pode passar despercebido – qualquer informação certamente impactará no programa de viagens.

A seguir, listamos algumas informações básicas para o início do processo de criação do perfil de viagens da empresa e dos viajantes.

Dados da empresa:
- Segmento(s) da empresa e/ou negócios (farmacêutico, químico, agroconsumo, automobilístico, banco, consultoria, assistência técnica, *offshore*, entretenimento, setor público, etc.).
- Área para a qual a gestão de viagens se reporta.
- Filiais, coligadas, empresas do grupo. Qual(is)? Quantas? Onde?
- Empresas do grupo com as mesmas diretrizes. Apresentam a mesma política?
- Perfil do viajante (nacionalidade, cargo, necessidades especiais, aspectos religiosos, geração, necessidade de mobilidade, departamento – de vendas, técnico, executivo, etc. –, profissionais terceirizados, etc.).
- Perfil de compras de viagens: centralizadas ou descentralizadas.
- Normas e procedimentos de viagens, e outras políticas correlacionadas. Estão atualizados? Completos? São efetivos?
- Outras políticas ou procedimentos ligados às viagens: política de meios de pagamento, eventos, relatório de despesas de viagens e reembolsos, etc.
- Contratos com fornecedores.
- Tecnologia aplicada a viagens e eventos corporativos: OBT, expense management, aplicativos, etc.
- Fluxo de aprovação de viagens. É igual para toda a empresa e para todos os itens – passagens aéreas, hotéis, seguro-viagem, locação, etc.

Dados mais específicos de viagens:
- Cinco principais destinos (nacionais e internacionais).
- Trechos mais voados (pares de cidades ou city pairs).
- Cinco destinos com mais hospedagens (nacionais e internacionais).

- Volume de gastos de hotel e número de pernoites.
- Volume e tipos de eventos.
- Adoção de OBT.
- Meio de pagamento. Cartão de crédito corporativo? Quem são os usuários? Como as despesas são pagas se a empresa tem muitos convidados/terceiros? Eventos?
- Tipo de contrato com TMC (precificação: *transaction fee*, *management fee*, *mixed fee*, outros).
- Tipo de contrato com fornecedores.
- Valor gasto em viagens corporativas, separados por segmento.

Para melhor visualização e comparação dos gastos ou do volume de viagens, é interessante elaborar um gráfico (preferencialmente pizza) para verificar a representatividade de cada segmento/produto dentro da categoria *viagens corporativas*, ou seja, quanto dos gastos totais com viagens é gasto com companhias aéreas, hotéis, agência de viagens, locadoras de carro, etc. Dependendo da gestão, quando o mesmo gestor administra viagens e eventos corporativos, por exemplo, o valor gasto com eventos pode ser incluído nesse estudo. Exemplo de gráfico:

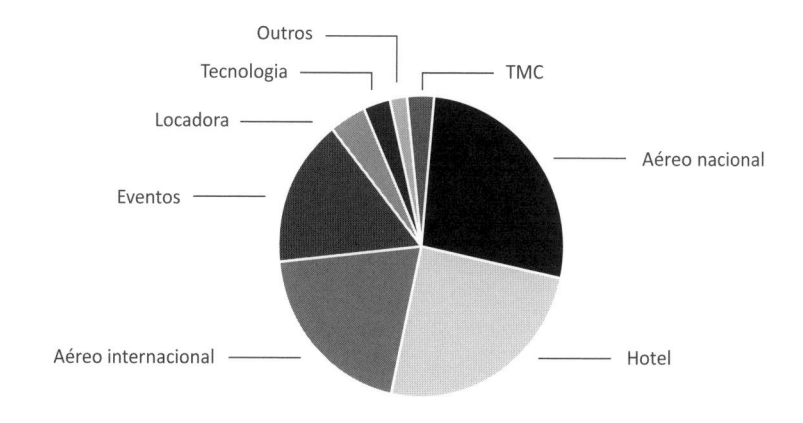

POLÍTICA DE VIAGENS

Trata-se de um documento que visa nortear e garantir uma efetiva e eficaz gestão de viagens corporativas. Nele são estabelecidas as normas gerais, definidas pela empresa, no que diz respeito às despesas de seus viajantes com passagens aéreas, hotéis, locação de automóvel, refeições, representações, etc.

Quando bem implementada, sugere-se que todos os viajantes a sigam da melhor forma possível.

> A política ou norma de viagens determina o que o viajante pode ou não fazer em uma viagem corporativa. Já os procedimentos de viagens estabelecem como o funcionário pode pôr em prática o que é permitido pela política.

Os *procedimentos de viagens* são tão importantes quanto a política de viagens. Eles se referem à maneira como deve ser executada a solicitação e a compra, incluindo todos os fluxos e meios de pagamento. Os procedimentos, quando muito simples e breves, podem ser parte integrante da política de viagens, mas, quando complexos e longos, devem ser registrados em documento à parte.

Idealmente, a política deve ser elaborada por um comitê de viagens, de preferência liderado e mediado pelo gestor. Os outros envolvidos devem ser os *stakeholders* responsáveis pelos departamentos de compras, RH, finanças, contabilidade, segurança/saúde, auditoria/*compliance*, viajantes e solicitantes mais frequentes de vários departamentos, e a TMC.

Após essa etapa, a política deve ser apresentada para a diretoria/presidência da empresa. Em geral, as políticas mandatórias são as mais eficazes, porém, atualmente, com o perfil dos novos viajantes da geração milênio – interessados em experiências diferentes mesmo em viagens a trabalho –, utiliza-se muito o termo "política sugerida".

Para se definir uma política de viagens eficaz, citamos a seguir alguns pontos que devem ser considerados:

- Objetivo. Qual é a finalidade do documento?
- Abrangência. Aplicável a todas as empresas do grupo? A todos os colaboradores? A terceiros? Nacional, regional ou global?
- Quem é o responsável pela atualização (geralmente o gestor), pelas exceções (geralmente o "dono" da política) e pelo comitê que a elaborou?
- Fluxo de aprovação. Como se dará o fluxo de aprovação? Pelo uso da ferramenta OBT? (ver "Outras ferramentas", p. 109).
- Canal de solicitação e compra. Pode ser *on-line*: pela OBT, ferramenta utilizada para solicitação e compra, considerando a parametrização dos pontos definidos na política – melhor tarifa, tempo de conexão, classe de reserva, etc, ou *off-line*: por telefone ou e-mail.

> Com a crescente utilização das OBTs e a parametrização das políticas de viagens nesta ferramenta, é cada vez mais comum aplicar o processo de autoaprovação, em vez dos tradicionais processos de pré-aprovações para todas as viagens. Por exemplo, a OBT sinaliza a melhor tarifa dentro do horário solicitado pelo viajante, com 1 hora antes e 1 hora depois, e se a política se aplicar pela menor tarifa ele deve escolher dentro dessa janela de horários, que estará automaticamente aprovada, pois atende à política de viagens.

- Tecnologia – aplicadas e permitidas (*apps*, ver p. 110).
- Companhias aéreas – por ser normalmente a maior despesa em viagens, esse item muitas vezes é o mais polêmico e discutido pelos viajantes. Hoje em dia, é preciso entender bem o programa de parcerias entre empresa e companhias aéreas, para que o viajante siga a política e fique satisfeito.
- Algumas variáveis como hierarquia, duração da viagem e quantidade de viagens (milhagem/quilômetros voados) interferem diretamente na adequação da política de viagens.

- Hospedagem – semelhante à utilização dos serviços de companhias aéreas, a empresa deverá determinar se serão usados hotéis somente do programa de parcerias da empresa, pertencentes a qual categoria (luxo, midscale e econômica) e tipo de apartamento (*standard*, superior, suíte, etc.), bem como o que será incluído na hospedagem – café da manhã, internet, estacionamento, etc.
- Locação de veículos – assim como companhias aéreas e hotéis, a categoria, tipo de veículos e seguros devem ser definidos.
- Assistência e seguro-viagem.
- Como serão pagos os gastos de viagem (meio de pagamento, adiantamento ou prestação de contas).
- Gestão de riscos – como lidar com emergências e imprevistos, de extravio de bagagem até catástrofes (esse deve ser um documento à parte, a ser mencionado dentro da política).
- Eventos e air groups – se a empresa tem um número grande de departamentos que fazem eventos, é interessante desenvolver uma política específica para essas ocasiões.

> É importante tentar cobrir o máximo de situações na política de viagens, para evitar muitas exceções. Se houver um grande número de ocorrências, é necessário analisar e medir os resultados periodicamente, baseando-se em relatórios gerenciais para conhecer os motivos das exceções e, consequentemente, melhorar a política e comunicar internamente as providências para minimizar essas situações. Essa ação permite uma política de viagens moderna e assertiva.

Uma política de viagens clara beneficia todos os envolvidos na cadeia produtiva, principalmente o viajante, o gestor e sua empresa, a TMC e os fornecedores.

Benefícios para o viajante

Apesar da resistência que a maioria dos viajantes apresenta em seguir regras, eles devem ser convencidos de que a política de viagens tem objetivos importantes, uma vez que é uma forma de garantir uma viagem sem surpresas desagradáveis. Além disso, serve também como suporte para sua mobilidade e garantia de *compliance* das normas da empresa.

Atualmente, com a diversidade de gerações, a empresa deverá dirigir a política de acordo com o perfil e as necessidades de cada funcionário durante a viagem, dependendo do tipo de negócio de sua empresa e do departamento em que o viajante atua. Para os mais jovens, *gamification* é uma das ferramentas de comunicação para obter maior engajamento. Para os da geração *baby boomers*, uma comunicação mais tradicional, que explore conforto (por exemplo, classes de voos, tempo de conexão e estadia em cada destino), pode ser a mais adequada.

> Uma estratégia de comunicação efetiva deve ser colocada em prática, utilizando-se diferentes canais (mídias sociais e/ou mais tradicionais). O importante é que seja objetiva e interessante para proporcionar o engajamento de todos.

Benefícios para o gestor

Uma política bem implementada e com poucas exceções leva o gestor a ter autonomia para fazer cumprir as normas estabelecidas pela empresa, o que garante melhor gestão e mais resultados para todos os *stakeholders*, por causa da boa negociação com os fornecedores. Para isso, esse documento tem de ter o apoio da direção geral da empresa e o engajamento dos viajantes.

Benefícios para a TMC

Com a política em mãos, os consultores têm procedimentos claros para atender aos seus clientes, o que minimiza erros e dúvidas na operação, evitando desgastes com o viajante sobre o que é ou não *compliance* na sua viagem. Um dos papéis fundamentais da TMC é mostrar a aderência e desvios da política de viagens, e as oportunidades de ganhos com o aumento do *compliance*.

Benefícios para os fornecedores

Fornecedores mudam sua estratégia de negociação ao se relacionar com empresas que possuem uma política de viagens efetiva, pois podem ter a certeza de que o acordo praticado será cumprido, possibilitando uma parceria maior e mais agressiva, com condições melhores e ganhos para ambas as partes.

PARCERIAS

Com o perfil da empresa e de seus viajantes pronto, a política de viagens aprovada, implementada e comunicada de modo adequado, o programa de parcerias deve ser planejado pelo gestor e/ou comprador.

ESTRATÉGIA

- Otimizar as parcerias
- Identificar oportunidades
- Melhorias e gestão de risco

Objetivo

O programa de parcerias é a organização das necessidades da empresa para que o programa de viagens seja bem-sucedido, desde a escolha dos fornecedores até a etapa de negociação e execução dos acordos. Ao final, os fornecedores selecionados irão atender, por meio de seus serviços, a todas as viagens da empresa durante a vigência dos acordos ou contratos.

A estratégia usada para o programa deve ser a de otimizar parcerias com os fornecedores, identificando melhores oportunidades e garantindo maior conforto e segurança para os viajantes. Quanto menos fornecedores, maiores serão as parcerias e os acordos decorrentes, ou seja, a empresa terá parceiros mais qualificados e eficientes.

Escolha de parceiros

O primeiro fornecedor a ser definido e contratado deve ser a TMC, pois com sua experiência e *benchmarking* – processo de comparação de desempenho de dois ou mais sistemas – e com seus outros clientes pode contribuir para que o programa alcance o sucesso desejado. A TMC será a responsável por toda a operação e logística desse programa de parcerias. Logo após a escolha da TMC, os demais fornecedores potenciais para inclusão no programa de parcerias são:

- Companhias aéreas.
- Hotéis (redes e independentes).
- Locadoras de veículos.
- Meios de pagamento.
- Tecnologia (OBT, expense management, aplicativos, etc.).
- Empresas de assistência e seguro-viagem.
- Eventos (agência, produtora, A&V, RSVP, etc.).

Parcerias de grandes volumes de compras e/ou de longa duração devem ser feitas por *bid*, palavra inglesa que significa "concorrência", "licitação", em conjunto com o departamento de compras/*procurement*, devendo-se considerar, além dos indicadores necessários para cada negociação, os tipos de viajante e seus perfis.

As relações devem ter como foco sempre o "ganha-ganha-ganha", ou seja, empresas-cliente ganham transparência e melhores custos-benefícios; TMCs geram satisfação a seus clientes e têm sua remuneração paga; fornecedores conseguem a fatia de mercado desejada, lucro e fidelização.

Analisaremos os principais *players* da cadeia, com mais detalhes, uma vez que existem características muito distintas que os diferenciam dos demais parceiros da empresa-cliente.

Travel management companies (TMCs)

São agências de viagens especializadas no segmento corporativo que, para obter tal denominação, devem ter funcionários, processos e ferramentas especializadas para atender às empresas-cliente. Algumas das principais funções da TMC são:

Fornecer soluções e ferramentas tecnológicas

O conhecimento e a aplicação de tecnologia específica no mercado de viagens corporativas é um diferencial importante para as TMCs, pois essa capacidade pode levar uma empresa-cliente a selecioná-la ou não.

Como qualquer solução tecnológica, a atualização das ferramentas e do treinamento para os usuários é imprescindível. A TMC é responsável pelo controle de qualidade na entrega dos serviços solicitados por meio de ferramentas *on-line* (passagens aéreas, hotéis, locações de veículos, entre outros), bem como pela elaboração de auditorias frequentes, para verificação de todas as transações feitas pela ferramenta (OBT).

Identificar e oferecer opções para redução de custos

Um dos papéis da TMC é entregar constantemente a seus clientes uma análise de seu programa de viagens, que indique novos produtos de fornecedores, que podem proporcionar redução de custos em suas viagens, sem comprometer a qualidade delas. Isso deve ser feito sempre levando em conta o perfil da empresa e de seus viajantes. Nesse sentido, apresentamos a seguir alguns exemplos de providências que podem ser tomadas pelas TMCs:

- Sugerir novos fornecedores (companhias aéreas, novos hotéis ou redes entrantes no mercado, etc.) ou produtos (ferramentas, empresas, etc.) para otimizar parcerias.
- Buscar tarifas mais baratas e sugestões para otimizar a compra.
- Verificar a flexibilidade de horários e datas das viagens para oferecer rotas alternativas, respeitando a política de viagens.
- Trabalhar com o gestor na análise das adluções de sua política e ferramentas para verificar o que pode ser feito para melhorar o engajamento do viajante, permitindo maior economia para empresa.

Relatórios gerenciais

Uma das fontes de dados mais utilizada pelo gestor de viagens para administração e controle do seu investimento em viagens são os relatórios gerenciais recebidos da agência corporativa que o atende. As TMCs têm entre suas principais funções a consolidação de informações de todas as compras de viagens efetuadas pela empresa-cliente. Uma das tendências mais importantes no segmento de viagens é a análise diferenciada de dados, que consiste em fazer a avaliação de um mesmo conjunto de informações, personalizada para cada tipo de cliente e cada *stakeholder* diferente da empresa. O objetivo é principalmente extrair informações desses dados e relatórios que se transformem em oportunidades de mudança, de economia e de otimização da gestão. Os tipos de relatórios geralmente oferecidos são:

- Gerencial – contém dados sobre volume, transações/precificação, *market share* (fatia de mercado) por destino e fornecedor, ATP, ARN, principais destinos e viajantes, entre outros.
- Reembolso e trechos não voados.
- Atendimento emergencial e aeroportos.
- Economias (*savings*).

Análises de mercado

A análise de mercado é fundamental para qualquer cliente, pois permite a compreensão do momento atual, bem como a identificação de perspectivas e tendências, o que possibilita, com o orçamento da empresa, a construção do programa de viagens do próximo período ou do ano seguinte. A TMC pode ser uma fonte própria de pesquisa ou buscar informações do mercado, como índices, melhores práticas, estudos de caso, novas ferramentas tecnológicas, tendências e resultados de *benchmarking*.

Configurações de atendimento personalizadas

As formas de atendimento aos clientes corporativos têm suas especificidades. Partindo do pressuposto de que o modelo de atendimento difere conforme o modelo de gestão e tecnologia utilizada pelo cliente corporativo, o tipo de negócio, a atuação e a localização geográfica, a TMC atenderá a esses diferentes clientes em um *implant*, posto virtual ou *call center*.

O *implant* é uma forma de atendimento exclusivo, no qual a TMC ocupa um posto físico, com acesso remoto a todos os seus sistemas de *front* e *back office*, dentro das instalações da empresa-cliente. Esse modelo é cada vez menos solicitado pelos clientes, já que as empresas pagam um custo alto de alocação (metro quadrado, telefonia, etc.) para manter esse serviço em suas dependências.

Por meio do posto virtual também é possível realizar atendimento exclusivo a uma empresa-cliente, porém, os consultores estão instalados fisicamente nas dependências da TMC.

Diferente do posto virtual, o *call center* não oferece atendimento exclusivo (embora possa ser dedicado). Ele é recomendado a empresas-cliente de pequeno ou médio porte, que não têm necessidade de um atendimento exclusivo.

Os dados da figura a seguir demonstram que mais de 70% das empresas já optaram por serviços a distância.

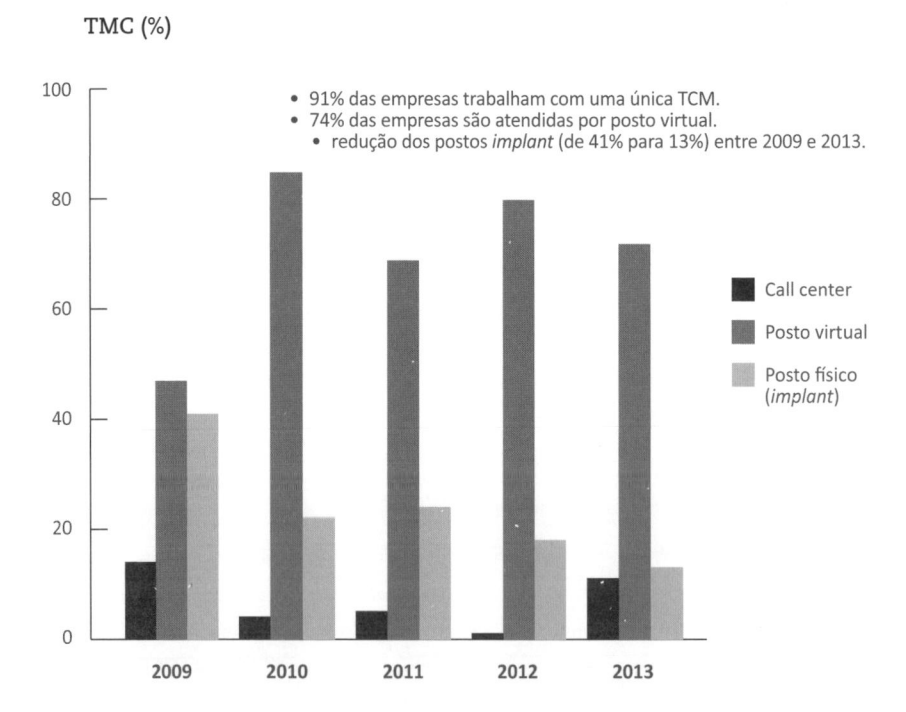

TMC (%)

- 91% das empresas trabalham com uma única TCM.
- 74% das empresas são atendidas por posto virtual.
- redução dos postos *implant* (de 41% para 13%) entre 2009 e 2013.

Fonte: ALAGEV. *Estatístico CE30 2015*.

No que diz respeito ao valor das TMCs, podemos qualificar o trabalho delas por meio de quatro vertentes que realmente mostram a mudança de papel desse *player* na indústria:

Economia
- Identificar oportunidades.
- Consolidação.
- Negociação.
- Relacionamento com os fornecedores.
- Tecnologia.
- Estabelecer metas com o cliente.

Serviço
- Personalização.
- *Networking.*
- *Benchmarking.*
- Atendimento emergencial.
- Service Level Agreement (SLA).
- *Delivery* (entrega).
- Consultoria.
- Comunicação.
- Diversificação (eventos, etc.).

Inovação
- Oferecer soluções antecipadas.
- Ouvir o cliente e propor soluções.
- Usar o que a TMC oferece de forma inovadora.

Tecnologia
- *Smart data*, ou seja, oferecer uma base de dados inteligentes, corretos e completos.

- *Data analitics*, análise de dados comportamentais, em vez de transacionais.
- Mobilidade.
- Mídias sociais.
- Integração por meio da tecnologia (*end to end*).
- OBT.

Companhias aéreas

A escolha de fornecedores para uma parceria que proporcione resultados para a empresa-cliente e também para a companhia aérea é um processo estratégico, vários quesitos devem ser analisados pelo gestor de viagens antes da assinatura de um acordo ou contrato.

Para orientar melhor a escolha desses parceiros, o gestor de viagens deve refletir sobre alguns pontos que o ajudarão a definir quais companhias aéreas servirão melhor a empresa no transporte aéreo de seus funcionários:

Necessidades do negócio do cliente
- Qual(is) o(s) negócio(s) da empresa?
- Por que há necessidade de deslocamento?
- O que representa cada reunião ou encontro *face to face*?

Objetivos da gestão de viagens
- Viajar mais
- Otimizar o orçamento
- Controlar e gerir despesas

Escolha do parceiro ideal
- Quem é o fornecedor que melhor atende às necessidades?
- O fornecedor escolhido auxilia e suporta a gestão?
- O fornecedor escolhido é criativo?

A empresa-cliente e o fornecedor devem estar de acordo com os serviços contratados, que vão além do transporte aéreo, e vários pontos devem ser observados para que a parceria seja a melhor possível para as duas partes.

É importante que seja traçado um plano de gestão e também que os fornecedores compreendam quais são as análises feitas pelo gestor de viagens, a política, os processos e as práticas que envolvem esse gerenciamento, para então poderem contribuir em sua totalidade para o sucesso de uma parceria estratégica.

Apresentamos abaixo alguns pontos importantes que fazem parte dessa análise em conjunto:

Comportamento da empresa-cliente	Interesses da empresa	Ações e acompanhamento
Quais os planos financeiros do cliente corporativo?	Os serviços da companhia aérea atendem às necessidades do cliente?	Apresentar *savings*.
Quais são os negócios envolvidos?	Relação transparente e de confiança.	Orientar e alertar o cliente sobre as práticas.
Como estão estruturadas a política e a gestão de viagens?	Alertar sobre tendências.	Apontar desvios.
Existe aderência e uso de ferramentas *on-line* (OBT)?	Aproximação de alta direção.	Realizar revisões mensais.
Quais são as cidades de destino?	Criatividade na negociação.	Buscar aperfeiçoar métricas e negociações.
Qual é a forma de pagamento?	Saber ouvir.	Indicar economias possíveis.
Quem viaja?	Customização.	Mostrar mudanças de comportamento.
Quantos viajantes?	Antecipar oportunidades.	Ser consultivo.
Quais são as preferências do viajante?	Agregar valor ao negócio do cliente.	Inovar.
O que o gestor espera do fornecedor?	Disponibilidade.	Apoiar o gestor em eventuais prestações de conta internas.

Aqui a melhor estratégia de negociação é baseada no perfil e no comportamento de compra da empresa-cliente, ou seja, antecedência, perfil do viajante (alterações constantes, cargo, tipo de atividade), objetivo das viagens (treinamento, vendas, assistência técnica, etc.), destinos, rotas e preferência de horários, etc. O gestor deve focar na melhor tarifa (custo-benefício), e não na menor tarifa (cheias de restrições e não compatíveis com o perfil e o comportamento de compra da empresa).

Algumas companhias aéreas, para oferecer melhores condições comerciais aos clientes corporativos, exigem um mínimo de participação em seu volume (*market share*) ou meta, tendo como base o volume de compras. Algumas companhias aéreas já oferecem descontos diferenciados por rotas e destinos, ou seja, não se aplica mais um desconto genérico para todas as emissões, mas sim descontos e tarifas especiais nas rotas mais voadas, sendo muito mais eficaz.

> O preço da tarifa aérea é inversamente proporcional às restrições de sua utilização, isto é, quanto mais caras, menos restrições, e, quanto mais baratas, mais restrições. Por *restrições* entendem-se multas, reembolsáveis ou não, bem como mínimo e máximo de permanência.

Parte dos viajantes questionam o preço das passagens aéreas com o argumento de que é possível encontrar preços mais baratos em canais de distribuição não tradicionais (OTAs, operadoras, *sites* das companhias aéreas, etc.). Esse fato pode ser explicado pelo sistema de revenue management, ou seja, pelo gerenciamento da receita de passagens aéreas, que tem as seguintes premissas:

- Precificação – construir tarifas que permitam o gerenciamento efetivo de custos e lucratividades.
- Mix de tarifas – com base na lei da oferta e demanda e com a quantidade apropriada de produtos.
- Otimização da capacidade – maximizar o aproveitamento da capacidade disponível (trabalha com oportunidades e promoções).
- Replanejamento – modificar o planejamento de curto prazo para atender a variações da demanda.

Hotéis

Para negociar com a hotelaria brasileira, o gestor, a partir da análise do perfil da empresa e de seus viajantes, deve definir a estratégia para o programa de hotelaria, considerando fatores como:

- O momento do mercado em relação à lei da oferta e da procura, ou seja, o fato de o mercado estar comprador ou vendedor vai influir na frequência com que as negociações serão efetuadas.
- Demanda concentrada principalmente nas capitais ou pequenas cidades, o que influencia no fato de as parcerias se estabelecerem com cadeias de hotéis ou com hotéis independentes.
- Hotéis com estrutura de eventos corporativos no programa.
- Estadias de longa duração.
- O tipo de hotel e de quarto.

Paralelamente às necessidades da empresa como corporação (segurança, conforto e economia), o gestor deve sempre avaliar o perfil e as necessidades dos viajantes, e, assim, selecionar o parceiro ideal. Logo a seguir vemos como as necessidades e os desejos dos hóspedes têm mudado:

	2014	2012
1º	Qualidade da conexão com a internet	Localização
2º	Gratuidade da conexão com a internet	Qualidade da cama
3º	Qualidade da cama	Preço
4º	Cordialidade da equipe	Qualidade da ducha
5º	Localização	Qualidade da conexão com a internet
6º	Qualidade da ducha	Gratuidade da conexão com a internet
7º	Preço	Cordialidade da equipe

> Para fazer um programa de hotelaria de sucesso, o gestor e/ou o comprador precisam estar bem informados sobre o mercado. No *site* do Fórum de Operadores Hoteleiros do Brasil (FOHB), há várias estatísticas que demonstram dados relativos à mudança de preferência dos hóspedes. É possível acompanhar projetos e estatísticas para que se atualize e até mesmo antecipe as mudanças na área de viagens corporativas.

As tarifas da hotelaria oscilam como as tarifas aéreas, de acordo com a época do ano, dia da semana, ocorrência de eventos na cidade, oferta e demanda. Para o gestor ou comprador da empresa é muito importante entender sobre *revenue management* (gerenciamento de receitas) da hotelaria, pois o conhecimento dessa prática direcionará a negociação para o tipo de acordo que será aplicado: tarifas fixas ou dinâmicas. O desafio do gestor é como fazer a comparação entre esses modelos.

Como comparar?

ACORDO COM TARIFA FIXA

Tarifa: R$ 476,00
Total de RN: 650
Total gasto: R$ 309.400,00

ACORDO COM TARIFA DINÂMICA

Acordo: 20% desconto
Tarifa média: R$ 399,50
Total de RN: 650
Total gasto: R$ 259.675,00

RN = Room Nights
Período: jan.-jun. de 2014 | Cidade: Rio de Janeiro

Explicar o *revenue management* de companhias aéreas para viajantes sempre foi difícil, mas a internet e o surgimento das OTAs colaboraram para seu entendimento. O mesmo vem acontecendo em relação à hotelaria, que apresenta valores diferentes para apartamentos iguais, dependendo da ocasião desejada para hospedagem. Por exemplo, as chamadas tarifas-balcão, aquelas exibidas nas recepções dos hotéis e raramente utilizadas pelos viajantes corporativos, servem como referência para os turistas que chegam a um hotel, sem reserva prévia, e como ponto de partida para negociação de tarifas corporativas ou promocionais.

Outro fato que gera dúvidas para os gestores e viajantes, e complica na hora de montar o programa de hotelaria, é a categorização ou a não categorização de hotéis corporativos. Por exemplo, se consultarmos, no Brasil, o *Guia Quatro Rodas*, encontraremos hotéis classificados como: luxo, muito confortável, confortável, médio conforto e simples. A classificação por estrelas da Embratur caiu em desuso. Em todo o mundo, as redes fazem sua autoclassificação de produtos, por exemplo: hotéis econômicos, midscale e *upscale*. Algumas políticas de viagens determinam categorias de hotéis por cargo, por exemplo, luxo para presidência, midscale para diretoria e econômica para os demais.

Existem também as estadias de longa duração, que são muito utilizadas por viajantes corporativos, como expatriados (funcionários de outros países que vêm trabalhar no Brasil) ou mesmo para projetos de média ou longa duração.

O êxito no programa de hotéis está em estabelecer os hotéis preferenciais como mandatórios e realmente direcionar o movimento para essas propriedades. Desse modo, a relação será de ganha-ganha, ou seja, a rede ou o hotel oferece boas tarifas e a empresa, com a fidelização, mantém o volume de negócios com este.

Hotéis utilizados

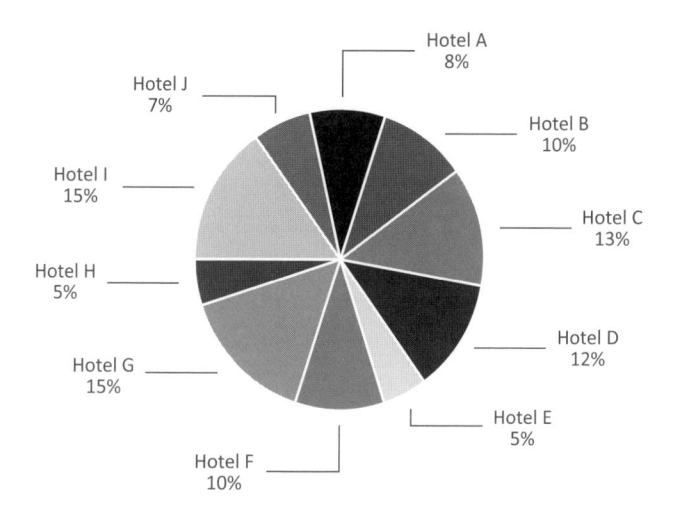

- Hotel A 8%
- Hotel B 10%
- Hotel C 13%
- Hotel D 12%
- Hotel E 5%
- Hotel F 10%
- Hotel G 15%
- Hotel H 5%
- Hotel I 15%
- Hotel J 7%

Hotéis preferenciais

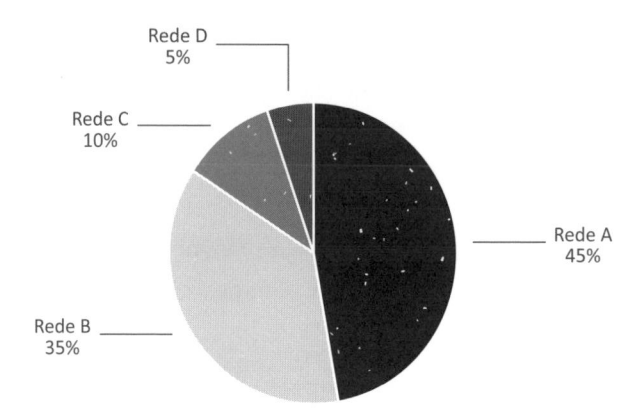

- Rede A 45%
- Rede B 35%
- Rede C 10%
- Rede D 5%

O gráfico anterior demonstra a diferença entre uma empresa que negocia com vários hotéis e uma que possui parceria com redes hoteleiras. Pela parceria, é possível fazer uma análise de *savings* e valores agregados mais facilmente, uma vez que, ao negociar com redes, obtém-se maiores benefícios de tarifas especiais ou acordos, denominados amenities.

> Quando mencionamos *amenities* em negociações com hotelaria, referimo-nos aos produtos e/ou serviços que valorizam uma negociação que não um desconto ou tarifa especial – café da manhã, estacionamento, internet, etc. –, e não os itens de toalete – xampus, sabonetes e outros itens de higiene pessoal.

Locadoras e empresas de logística em transporte

A prática da locação de veículos no Brasil ainda não é tão comum quanto nos Estados Unidos e na Europa, onde o número de locações e tamanho de frota são muito maiores.

Antes de negociar com as locadoras de automóveis, as empresas devem analisar o seu perfil de utilização de veículos para negociar tarifas (diárias) que sejam justas às suas necessidades. É preciso dispensar atenção especial ao registro de todos os envolvidos, pois a maioria, no Brasil, mesmo fazendo parte de grandes locadoras, é franqueada e possui CNPJ diferenciado.

Há também empresas de logística em transporte (transfers executivos), que oferecem serviço com motorista e podem representar uma oportunidade segura e vantajosa. Essa prática é cada vez mais utilizada em viagens corporativas, não somente pelo custo, que é bem similar ao do táxi, dependendo do percurso, mas também pela questão de risco e controle. Essas empresas fazem contratos anuais e seus serviços também já estão disponíveis em várias cidades brasileiras e hotéis.

Meios de pagamento

Para selecionar melhor um parceiro provedor de meios de pagamento, devemos inicialmente entender que existem diferentes formas para cada serviço ou produto contratado e que há fatores que devem ser avaliados, por exemplo:

- Economia.
- Fluxo financeiro.
- Controle.
- Flexibilidade.
- Redução de processos.
- Benefícios (programa de fidelização, rebate, descontos).

E como optar pelo melhor meio de pagamento?

- Analisando a cultura da empresa, as ferramentas e os sistemas disponíveis.
- Contabilizando todos os gastos envolvidos.
- Conhecendo as melhores práticas adotadas por outras empresas, por meio de *benchmarking*.
- Contratando empresas especializadas e/ou consultorias.

No Brasil, o cartão corporativo ainda é muito subutilizado. O meio de pagamento mais comum da maioria das despesas de viagens efetuado pelas empresas ainda é o faturamento. Esse processo, apesar de muito tradicional e habitual, está ultrapassado e gera alto custo financeiro para as TMCs, que atuam como intermediárias, gerando, muitas vezes, o desencontro entre o recebimento e a conciliação das faturas, bem como entre a cobrança e o pagamento realizado pelos clientes. Atualmente, há tecnologia aplicável ao procedimento de pagamento, que resulta em maior produtividade, menos papel e maior rapidez.

Algumas empresas ainda resistem em conceder cartões de crédito para seus funcionários. No entanto, atualmente é possível administrar e auditar a utilização de cartões corporativos por meio de políticas, parametrizações e bloqueios, por tipo de estabelecimento e tecnologia.

O sucesso da implantação do cartão para pagamento de viagens está diretamente ligado à eficiência do processo e da política de despesas de utilização dos meios de pagamento, os quais devem ser bem definidos, divulgados e comunicados, para que sejam utilizados da melhor forma possível por parte dos viajantes frequentes. A correta parametrização dos gastos (por tipo de estabelecimento, categoria de despesas, unidade de negócio, etc.) é a garantia de uma gestão eficiente para otimizar o processo de prestação de contas.

O controle das despesas e a auditoria na conta de viagens de uma empresa são possíveis por meio de relatórios e informações gerados pela administradora do cartão. É importante considerar que esses dados são os efetivos da viagem (pagos), o que garante a gestão real do orçamento e dos gastos.

Despesas mais pagas por cartões corporativos:

- Táxi.
- Refeições.
- Hotel.
- Locação de veículos.
- Saque (adiantamento) em caixas eletrônicos.

Cartões virtuais

O cartão virtual, oferecido atualmente por várias bandeiras e emissores, é a alternativa para pagamento de passagens aéreas e hotéis no Brasil. O processo consiste na criação de uma conta de viagens que, com um número de cartão de crédito virtual (não há emissão do cartão de plástico), centraliza os gastos de passagens aéreas e hotéis.

Por que este item é contemplado dentro do programa de parcerias? Porque é um fornecedor muito estratégico, pois pode, mediante controle oferecido, garantir à empresa uma segurança maior na transparência de seus gastos e fluxo de caixa.

É essencial manter-nos informados sobre o que há de mais atual em termos de otimização dos processos de viagens. Além disso, recomendamos que seja feita uma comparação entre os diversos bancos e bandeiras para verificar o que cada um oferece, de acordo com o perfil da conta de viagens da empresa e a conveniência do departamento financeiro.

Benefícios

Ao se utilizar o cartão de crédito corporativo como meio de pagamento, o principal benefício é o conjunto de informações que ajudarão na gestão das despesas da empresa, no controle e na negociação com fornecedores, reduzindo processos internos.

A diminuição de gastos pode chegar a 12%, segundo as administradoras de cartão de crédito, por meio de vantagens financeiras (prazo de pagamento), redução de processos internos (contabilidade e finanças) e controle mais detalhado e passível de auditoria dos gastos dos viajantes.

A gama de seguros, serviços e assistências oferecida como benefício pelos cartões de crédito deve ser avaliada como valor agregado na seleção dos fornecedores. No entanto, faz-se necessário comparar a cobertura das assistências a viagens, oferecida pelos cartões, a qual a empresa frequentemente contrata por meio de fornecedores específicos.

Outros *players*

Outros serviços e/ou produtos como tecnologia, seguro-viagem, etc. são tão importantes quanto os detalhados até agora e devem ser negociados, conforme a necessidade e o perfil de cada empresa e seus viajantes, com o objetivo de otimizar a mobilidade, garantir a saúde, segurança e integridade destes.

Processo de seleção de parceiros

A forma mais eficiente e segura de selecionar o parceiro, do ponto de vista de auditoria e processos, é o *bid* (concorrência). Em geral, esse processo é conduzido pela área de *procurement* (compras ou suprimento) ou mesmo pelo responsável por viagens.

Fases de um *bid*

	Significado	Necessidade	Objetivo
Request for Information (RFI)	Solicitação de informação (proposta técnica)	Informação	Conhecer os fornecedores que participarão do RFP
Request for Quotation (RFQ)	Solicitação de cotação (proposta comercial)	Cotação (preço)	Solicitar preço
Request for Proposal (RFP)	Solicitação de proposta (proposta técnica e comercial)	Informação + Preço	Solicitar proposta de serviço, com informações e preço

No processo de *bid*, as três etapas (RFI, RFQ e RFP) são praticadas de acordo com a necessidade, que pode estar relacionada ao valor do serviço a ser contratado, às políticas da empresa compradora, ou mesmo à obtenção de um processo transparente e ético para com fornecedores participantes.

Request for Information (RFI), ou solicitação de informações, é a proposta técnica pela qual a empresa-cliente solicita informações referentes à capacidade de atendimento, situação financeira, estrutura, clientes, tecnologia, entre outras, que sejam relevantes para sua concorrência, sem requerer ainda uma proposta de preços. Esse tipo de solicitação é geralmente utilizado para selecionar participantes em um processo com muitos concorrentes ou para conseguir segmentá-los.

Request for Quotation (RFQ), ou solicitação de preços, é a proposta comercial em que somente o quesito *preço* é solicitado. Muitas vezes, é feita após um RFI, quando a empresa-cliente já conhece tecnicamente os fornecedores e quer balizar apenas o preço. Algumas empresas-cliente recorrem a leilões eletrônicos para esse fim, mas é importante salientar que a avaliação de um fornecedor deve ser feita por meio de muitos quesitos e não só pelo preço.

> O RFQ pode ser utilizado também para somente balizar o preço, quando o mercado muda de vendedor para comprador ou quando há um contrato satisfatório, mas uma necessidade de analisar os preços praticados no mercado.

Request for proposal (RFP), ou solicitação de proposta, é a proposta completa – técnica e comercial. É comum algumas empresas-cliente solicitarem a entrega das propostas separadamente, para análises independentes, sem que o preço influencie na escolha técnica, e vice-versa. Muitas empresas-cliente partem direto para essa fase, o que não aconselhamos a não ser que conheçam tecnicamente todos os fornecedores.

Nosso objetivo, neste livro, não é explorar a metodologia de compras em profundidade, mas, sim, apontar algumas questões fundamentais para o sucesso de uma contratação de serviços. O primeiro passo é começar a trabalhar as definições e informações estabelecidas que possibilitem a condução de todo o processo de concorrência.

Os processos de *bid* – manual ou eletronicamente – são muito trabalhosos e demandam tempo, por esse motivo é necessário estabelecer uma periodicidade para a sua realização, de acordo com o tipo de serviço: para a seleção das TMCs e de tecnologia, por exemplo, é preciso levar em conta que seus contratos são firmados para no mínimo 2 a 5 anos; para companhias aéreas e hotelaria, anualmente ou no máximo a cada biênio. Assim, cada fornecedor terá um processo definido de acordo com sua característica e necessidade.

Algumas empresas-cliente têm *bids* iniciados nos países onde se encontram suas matrizes, ao mesmo tempo que outras têm autonomia local para a realização desses processos. É necessário que seja estabelecido desde o início qual a abrangência geográfica da concorrência, que pode ser local, regional ou global.

A seleção dos participantes de um *bid* é um dos pontos-chave para o sucesso. A melhor forma de realizá-la é por meio de um RFI para escolher tecnicamente os fornecedores que atendem às necessidades da empresa-cliente. A partir de então, eles são homologados para futuros processos, ou para uma reavaliação periódica destes últimos.

Após essas definições norteadoras do processo, chega a hora de iniciar o edital de concorrência e o *scorecard* (escala de valores), e, em sequência, a convocação dos fornecedores.

São itens fundamentais no *scorecard*:

- Qualidade e agilidade no atendimento.
- Segurança.
- Preço (*fees*, serviços fragmentados, etc.).
- Informações criteriosas.
- Solidez financeira da empresa.
- Capacidade de entrega.
- Gerenciamento de riscos.
- Infraestrutura.
- Ferramentas de suporte e gestão.

Edital

O edital é o documento de convocação e descrição da concorrência. É o item mais importante do processo, pois contém todas as informações e solicitações de produtos/serviços para os fornecedores. Ele pode ser eletrônico ou impresso.

Ao elaborar o edital de concorrência, o cliente corporativo deve estar atento aos seguintes itens:

- Apresentação detalhada da empresa – com área de atuação no mercado, principais produtos/serviços, filosofia, missão, valores e princípios.
- Conceito – motivos pelos quais o processo está sendo realizado (política da empresa, insatisfação ou desejo de trocar o fornecedor atual, pesquisa de mercado, etc.).
- Objetivo – o que a empresa-cliente busca ao conduzir um processo de *bid?* (reduzir custos em determinado processo, aumentar a eficiência na gestão, firmar um contrato com um parceiro regional ou global, etc.).
- Expectativas – o que o cliente busca na parceria com o futuro fornecedor; as Service Level Agreements (SLAs), ou garantias de qualidade de serviços, e condições contratuais.
- Exigências – quesitos mínimos para a prestação do serviço (presença regional e/ou global, ferramentas tecnológicas, tipo de gestão e análise de relatórios), detalhamento de produtos e serviços.
- Fatos e números – informações vitais, principalmente para a base da proposta financeira (volumes de compras, número de transações – o que se considera uma transação –, curva ABC dos principais fornecedores e tipos de compras, pares de cidades, principais destinos), ou seja, referentes ao perfil de compra de produtos e serviços da empresa-cliente, além de processos internos (ferramentas de solicitações de viagens, utilização de OBT, fluxos de aprovações e forma de pagamento) e política de viagens. Qualquer outra informação adicional que possibilite aos fornecedores conhecer melhor a empresa-cliente poderá ser instrumento para a entrega de uma proposta mais assertiva.

- Critérios de avaliação – a partir da criação do *scorecard*, informam-se quais são os quesitos que serão avaliados. Importante mencionar que os fornecedores devem saber dos quesitos, mas não a métrica de avaliação, que deve ser confidencial.
- Recebimentos de propostas – como devem ser efetuados e sua data limite.

> É interessante a criação de um comitê interno com participantes de diversas áreas, como RH, finanças, TI, entre outras, principalmente para a elaboração do *scorecard*, em que todos, em comum acordo, determinam os quesitos e as notas de avaliações importantes para cada segmento.

Comunicação

Durante o processo de seleção, a comunicação entre fornecedores e empresa-cliente deve ser de conhecimento de todos os envolvidos, para que nenhum fornecedor seja beneficiado com informações que lhe proporcionem vantagem competitiva perante os demais participantes.

Uma reunião de *clarification* com todos os participantes, para esclarecimentos de dúvidas ou informações adicionais, pode ser feita, pessoal ou virtualmente por meio de *conference call* ou *e-mail*, com todos os envolvidos.

Outras etapas

As empresas-cliente devem fazer *benchmarking* com outras empresas-cliente e ex-clientes indicados pelo fornecedor, além de visitas técnicas, que podem ser agendadas ou não ("de surpresa"). Preparar-se para a visita é muito importante: deve-se elaborar um *checklist* e um documento com os pontos de avaliação.

A partir dos resultados e das análises, de preferência em conjunto com o comitê, define-se o vencedor. Uma comunicação formal deve ser enviada ao vencedor, bem como aos demais participantes. Embora nem todas as empresas-cliente a realizem, essa é uma ação muito importante, já que proporciona um *feedback* essencial aos demais fornecedores, cujos pontos fracos poderão ser analisados e corrigidos com base nele.

Enfatizamos que, apesar de ser mais comum um processo de concorrência para a seleção de TMCs, essas práticas podem ser aplicadas à escolha de todos os fornecedores do programa de parcerias – companhias aéreas, hotéis, locadoras de automóveis, logística de transportes, A&V, entre outros.

A partir daí é só começar a implantação do contrato entre empresa-cliente e fornecedor, com cronograma e definição de responsáveis e datas limite para cada etapa.

PROCEDIMENTOS

Esse último P é muito importante, afinal, é nessa fase que serão determinados os procedimentos para verificação e validação de tudo o que foi definido – perfil, políticas e parceiros. A partir daí, são efetuadas as respectivas contratações, as implementações e a comunicação do programa, bem como é desenhada a forma de fazer a gestão.

O modo de contratação, por cartas-acordo (muito comum em nosso mercado, principalmente ao tratarmos com companhias aéreas internacionais, que enviam seus documentos padronizados de suas matrizes) ou contrato, depende do serviço e do fornecedor. Esses documentos devem ser analisados, de preferência junto ao departamento jurídico da empresa e ao suporte de um SLA anexo.

Service Level Agreement (SLA)

Um SLA, ou garantia de nível de serviço, com Key Performance Indicator (KPI), ou indicador de *performance*, e metas acordadas entre as partes, deverá ser implementado para se fazer a gestão dos parceiros e garantir a medição de *performance* da prestação dos serviços. Assinado e acordado entre empresa-cliente e fornecedor, precisa conter todo o detalhamento dos serviços, que devem ser mensurados por indicadores (KPIs) e atrelados a penalidades ou bonificações. É muito usado para contratos com TMCs, mas também pode ser aplicado a contratos com tecnologia e fornecedores de eventos corporativos.

> As metas dos serviços constantes do SLA devem ser de fácil medição, caso contrário, perdem o sentido e a aplicabilidade. Por exemplo, uma meta para tempo de resposta de solicitações eletrônicas de passagens aéreas e/ou reservas de hotéis pode ser implementada desde que a ferramenta de medição, como um sistema de solicitação eletrônica ou OBT, exista. Para o atendimento dessas requisições, o KPI deve ser determinado pela proximidade da data de embarque, de acordo com os seguintes limites: embarque de 0 a 24 horas, resposta em até 2 horas; de 24 a 72 horas, resposta em até 24 horas; e, acima de 72 horas, resposta em até 48 horas.

Outros serviços que podem ter SLAs associados aos contratos de uma TMC são entrega de dados e relatórios gerenciais, data da entrega de fechamento e cobrança de *fees*, controles de processos de solicitação de reembolsos (somente o que é de responsabilidade das TMCs, e não das companhias aéreas), percentual de erros sobre o número total de transações, satisfação dos viajantes e gestores de viagens, entre outros.

Gestão do programa de viagens

A gestão do programa de viagens deve ser realizada com foco na qualidade dos produtos e serviços, cabendo ao responsável de viagens e eventos garantir o sucesso do gerenciamento.

Viagens, assim como os serviços de frota e telefonia, são atividades prestadas às empresas-cliente, e estão entre os fatores mais sensíveis para os executivos da empresa. Qualquer queixa "de corredor" referente a um fornecedor ou serviço de viagens pode gerar problemas para o sucesso do programa de parcerias. Portanto, o melhor é ter meios ou ferramentas para acompanhar e medir a satisfação dos usuários dos serviços de viagens (solicitantes e viajantes).

Uma forma muito eficaz de medir o desempenho dos fornecedores é a pesquisa de satisfação com usuários, que deve ser feita periodicamente (em geral a cada seis meses) ou pós-viagem (post trip survey), e possibilita o acompanhamento dos serviços com mais agilidade e ações efetivas. Essa pesquisa é muitas vezes realizada por meio de *smartphones*. Assim que o executivo volta da viagem, recebe um *e-mail* com um *link*, solicitando sua avaliação sobre os serviços prestados.

Outra opção de canal de comunicação e de informação para a gestão são os serviços de atendimento ao cliente (SAC e ouvidoria) que algumas TMCs oferecem. Ter um "termômetro" dos serviços dos parceiros contratados pode ser uma ferramenta valiosa para as negociações com fornecedores.

Implementação e comunicação do programa

Uma comunicação efetiva é fundamental para o engajamento e adesão à política de viagens pelos viajantes.

Workshops para solicitantes e viajantes são sempre uma prática positiva. Em empresas nas quais o contingente de viajantes se encontra em várias localidades – trabalham em *home office*, por sistema mobile, ou são representantes em cidades onde não existe um escritório físico –, faz-se necessário o uso da tecnologia, utilizando-se ferramentas colaborativas, como *web meetings*, videoconferências, mídias sociais e intranet.

Um manual para o viajante, que indica o que fazer e a quem recorrer em casos de emergência, bem como oferece dicas de viagens e saúde, é uma excelente maneira de se comunicar com os funcionários. Deve ser eletrônico, curto e considerado parte fundamental do programa de segurança em viagens corporativas.

Uma comunicação dirigida é o segredo de uma divulgação eficaz e eficiente. Os diversos *stakeholders* precisam de informações diferentes e atraentes para se engajarem e apoiarem o novo projeto de acordo com a realidade e necessidade de cada um. Por exemplo: para o comprador de viagens envia-se um relatório com indicadores econômicos; para o viajante, informações sobre sua economia na escolha e compra de suas viagens.

> Uma maneira interessante de fazer apresentações em workshops é convidar alguns dos seus parceiros preferenciais para rapidamente mostrar seus produtos e novidades da indústria de viagens, dentro da empresa. Um questionário, com entrega de prêmios no final, estimula sempre a participação, evidentemente desde que conforme as normas do *compliance* da empresa.

Resultados da gestão e do programa de viagens

Esse é o final e também o princípio da metodologia dos 4 Ps, porque é nesse momento que será feita a avaliação do programa de viagens e seus resultados, os quais possibilitarão sua execução no ano seguinte com as melhorias necessárias. Essa análise será feita a partir de KPIs, ou indicadores de *performance* escolhidos para compor o painel do gestor. Apesar de ser uma etapa final, é também um processo contínuo, pois a mensuração da qualidade, economia e oportunidades é recorrente.

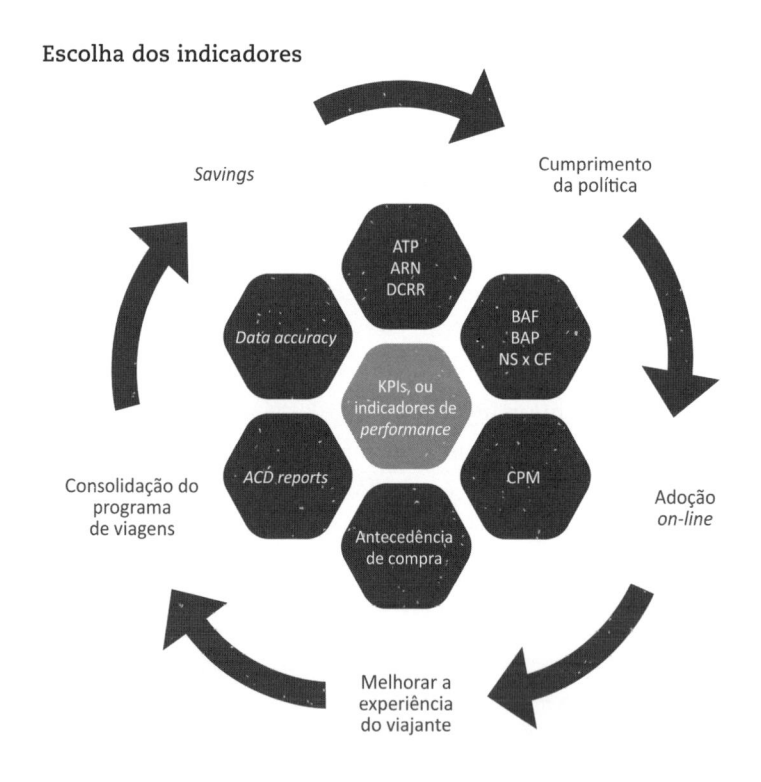

Escolha dos indicadores

- *Savings*
- Cumprimento da política
- Adoção *on-line*
- Melhorar a experiência do viajante
- Consolidação do programa de viagens

KPIs, ou indicadores de *performance*:
- ATP / ARN / DCRR
- BAF / BAP / NS x CF
- CPM
- Antecedência de compra
- ACD reports
- Data accuracy

ATP: Average Ticket Price
ARN: Average Room Night
DCRR: Daily Car Rental Rate
BAF: Best Available Fare
BAP: Best Available Price
NS x CF: Non Stop x Connected Flights
CPM: Cost per Mile
ACD reports: monitoramento de chamadas
Data accuracy: qualidade de informações dos relatórios

SAVINGS OU ECONOMIAS

Esse indicador é o resultado de um programa bem negociado e implementado. O importante é entender quais são os cálculos mais apropriados e legítimos de *savings*. Abaixo citamos alguns dos mais praticados:

- ***Savings* de novos acordos.** Esse tipo é utilizado na contratação de um novo fornecedor, quando se deseja medir quanto de economia o acordo trará para a empresa. Porém, muitas instituições determinam a validade deste tipo de mensuração, que é normalmente de um ano. Após este período, não se pode mais considerar esta economia como nova.
- **Negociação atual x anterior.** Metodologia aplicada na gestão dos fornecedores já existentes e nas renegociações de contratos ou acordos. Aqui, deve-se avaliar as condições do mercado, como inflação e variação cambial, entre outros fatores externos, pois alguns valores, se comparados friamente ano a ano, podem ter uma variação maior e nenhum *saving* é apurado.
- **Mercado e resultado da negociação.** Aqui, a participação da TMC é fundamental, pois pode fornecer informações de mercado e de seus clientes (*benchmarking*), para efeitos comparativos. Obviamente são mantidas em sigilo as informações dos clientes por questões éticas e de confidencialidade pelo critério. Alguns desses dados podem ser ATP e ARN.
- ***Savings* de adoção *on-line*.** Nesta medição, podem ser analisados dois *savings*, de acordo com o aumento da utilização das ferramentas *on-line*. O primeiro é a economia gerada pelos *fees*, pois para cada tipo de transação existe uma precificação diferente: um *fee off-line* é mais caro e um *fee on-line*, mais barato. Quanto maior a adoção *on-line*, maior a quantidade de transações mais baratas que o cliente pagará, gerando economia para a empresa. O segundo *saving* é o do preço médio do bilhete (ATP): o viajante, quando compra *on-line*, tende a escolher as opções mais baratas, assim o preço médio abaixa proporcionalmente.

- **ATP, ARR, ADR e CPM.** Analisando os preços médios período a período, é possível economizar. Aqui também é preciso estudar as influências externas, como variação cambial, inflação, etc., bem como as internas, como mudança de categorias de hotéis, utilização de novas rotas, etc. Por exemplo, se uma empresa realiza em um ano muitas viagens nacionais e no outro ano muda para internacionais, o valor médio da passagem aérea vai aumentar. É preciso então segmentar as rotas e destinos, classes de voos e outras variáveis que podem poluir o estudo.
- **Valores agregados.** Este processo muitas vezes é manual e realizado pela TMC. Consiste no mapeamento de negociações pontuais no dia a dia que afetam diretamente o orçamento das empresas. Exemplos: quebra de multas e penalidades, confirmações de listas de espera em classes de reserva mais baratas, *upgrades*, etc.
- *Savings lost* **(economias perdidas).** A TMC aqui também é fundamental, pois informa ao cliente os desvios nas políticas de viagens e o impacto do não cumprimento destas. Exemplo: escolha de companhia aérea preferencial (quando o viajante opta por uma companhia aérea por algum interesse, muitas vezes por conta da milhagem). A TMC informa em relatórios a opção escolhida pelo viajante e a opção mais econômica que estaria na política. A diferença maior é o que a empresa deixa de economizar.
- **Antecedência de compra.** Quanto maior for a antecedência da compra da passagem aérea, maior a probabilidade de se obter um valor mais barato do que a poucos dias da viagem. Este estudo mostra a economia que se pode obter, por meio da análise dos ATPs com a compra antecipada. Comparam-se os preços por faixas de antecedência (exemplo: de 0 a 3 dias, de 4 a 6 dias, mais de 7 dias, etc.) e por meio desse resultado podem ser feitas campanhas para a compra antecipada, e assim medir a economia dessas ações.

> Cada empresa-cliente tem sua própria metodologia de *savings*, então nem todas elas, mesmo as mais comuns, podem ser aplicadas. O gestor deve entender o conceito aplicado e até sugerir novos procedimentos para as áreas de compras e finanças, que em geral são as que demandam e controlam esses indicadores. As TMCs e os fornecedores de produtos e serviços também devem conhecer as práticas de seus clientes, pois podem contribuir com informações, como índices e números da indústria, para seus clientes corporativos.

Segurança e gestão de risco

SEGURANÇA

Viajar é seguro? Sim, se considerarmos o avanço da tecnologia, o desenvolvimento das aeronaves, os equipamentos hoteleiros, as rodovias e os novos veículos para transportes terrestres.

Desde 11 de setembro de 2001, quando ocorreu o atentado às torres gêmeas do World Trade Center, em Nova York, atingindo muitos escritórios e hotéis que estavam ao seu redor, a indústria de viagens e, principalmente, as empresas começaram a buscar novas formas de controle de localização de seus funcionários. O universo das viagens se transformou e foram implementados vários programas e ferramentas para gerenciar emergências, minimizar riscos e tentar garantir o máximo de segurança aos viajantes. Entre eles estão:

- Aeroportos mais bem equipados, com maiores exigências nos procedimentos de embarque.
- Áreas de risco mapeadas para a execução de programas de contingência.
- Investimentos em segurança da informação e comunicação dirigida aos viajantes.

A rotina é inimiga da segurança e o hábito faz o passageiro se sentir mais à vontade e relaxar, ficando exposto a riscos, tanto em relação à sua própria segurança física quanto às informações que traz consigo. Com medidas preventivas, as empresas tentam minimizar as ocorrências, e as viagens tornam-se cada vez mais seguras e menos suscetíveis a incidentes e/ou acidentes. As organizações têm alertado seus funcionários, fornecendo treinamentos e principalmente dicas de como se comportar em outros países ou estados, em um momento de crise, por exemplo.

Hotéis

O *lobby* de um hotel é um lugar público e por isso nem todos que estão ali são hóspedes. Cada vez mais as pessoas vão aos hotéis para almoçar, jantar, participar de eventos, exercitar-se na academia de ginástica ou simplesmente para tomar um café. Diante desse cenário, e com a diversidade de serviços oferecidos, os hoteleiros investem em mais segurança. É fácil observar câmeras instaladas, sistema de fechaduras eletrônicas, funcionários da segurança vestidos à paisana circulando pelo *lobby* e, claro, itens principais de segurança, como *sprinklers* (dispositivo de combate a incêndios), rotas de fuga e central de alarmes.

Companhias aéreas

Viajar de avião sempre teve seu *glamour*, mas para os viajantes corporativos trata-se de uma questão de necessidade, não de escolha. A frequência com que viajam faz desse processo algo cansativo. Cada novo acontecimento pode gerar novas regras de segurança em aeroportos e em determinadas companhias aéreas, que, às vezes, transformam-se em mais um desafio para o viajante, demandando mais tempo e paciência ao embarcar. Consequentemente, a gestão de viagens tornou-se também administração e controle de riscos e emergências, em vez de gerir somente negociação e resultados (*savings*).

Assistência em viagem

Como já vimos, no programa de parcerias, a negociação da assistência em viagens é feita pelo gestor. Contudo, queremos reiterar a importância da análise das garantias de coberturas, seguros e outros serviços fundamentais, como repatriação de viajantes enfermos, assistência jurídica e substituição do executivo.

Essas garantias devem ser condizentes com as normas e políticas de viagens, recursos humanos e saúde do viajante.

GESTÃO DE RISCO

Antes de tratarmos da gestão de risco, vamos defini-lo. Risco é a possibilidade, elevada ou reduzida, de alguém sofrer danos provocados pelo perigo. À medida que o mundo se torna um lugar mais perigoso, há uma necessidade maior de identificar o risco e geri-lo.

Não só as empresas-cliente como também vários *players* de nossa indústria – como TMCs, companhias aéreas, agências de eventos, hotéis, etc. – precisam criar processos de gestão de risco para as viagens de seus funcionários. A gestão de risco inicia-se na análise e investigação dos riscos existentes no programa de viagens da empresa-cliente.

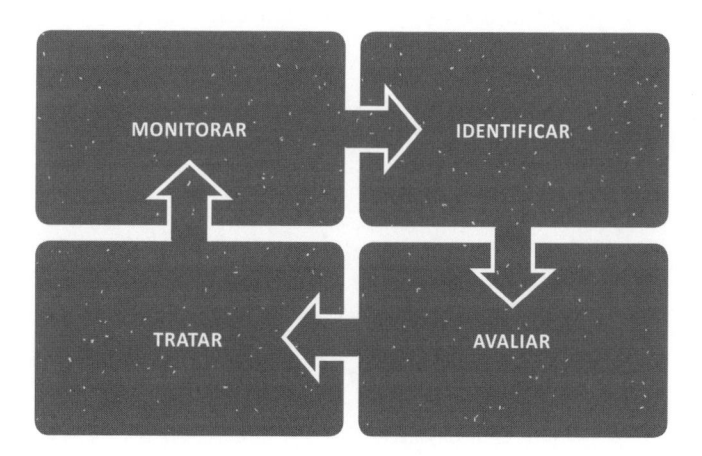

[Diagrama cíclico com quatro etapas: MONITORAR → IDENTIFICAR → AVALIAR → TRATAR]

Os fenômenos da natureza e as epidemias são bons exemplos do impacto e da importância do papel da gestão de risco em viagens. Há de se considerar diversas questões que envolvem o risco. Quem deve ser responsável pela solução de problemas quando houver desafios causados por desastres naturais, catástrofes, epidemias ou acidentes? Como fazer a logística dos viajantes localizados em destinos que passam por tais situações, ou prestes a embarcar para um local de alerta máximo? Qual o papel de cada envolvido no processo, como a empresa-cliente, o gestor de viagens, o departamento de segurança e os prestadores de serviço (TMCs, companhias aéreas, cartões de credito, etc.)? Quais ferramentas tecnológicas podem ser utilizadas em um cenário de risco?

No Brasil, principalmente na indústria do turismo, temos de estar prontos para reagir a diversos casos, desde a intoxicação alimentar de um executivo em viagem ou evento, até fenômenos da natureza. Tudo deve ou deveria estar previsto em um programa de gestão de risco, porém, como não há nenhuma maneira de eliminar todos os possíveis problemas, existe a necessidade de classificar e sistematizar uma gestão para mitigá-los. Muitas vezes esquecemos que o melhor é evitar, mas não reconhecer o risco em viagens talvez seja o perigo.

Na maioria das empresas, a gestão de risco está ligada aos departamentos de RH e segurança. O gestor de viagens deve estar ciente dos processos em questão e, como especialista no assunto, deve se certificar de que a política de gestão de risco da empresa inclui viagens corporativas. E o que uma empresa que nunca pensou nisso deve levar em consideração?

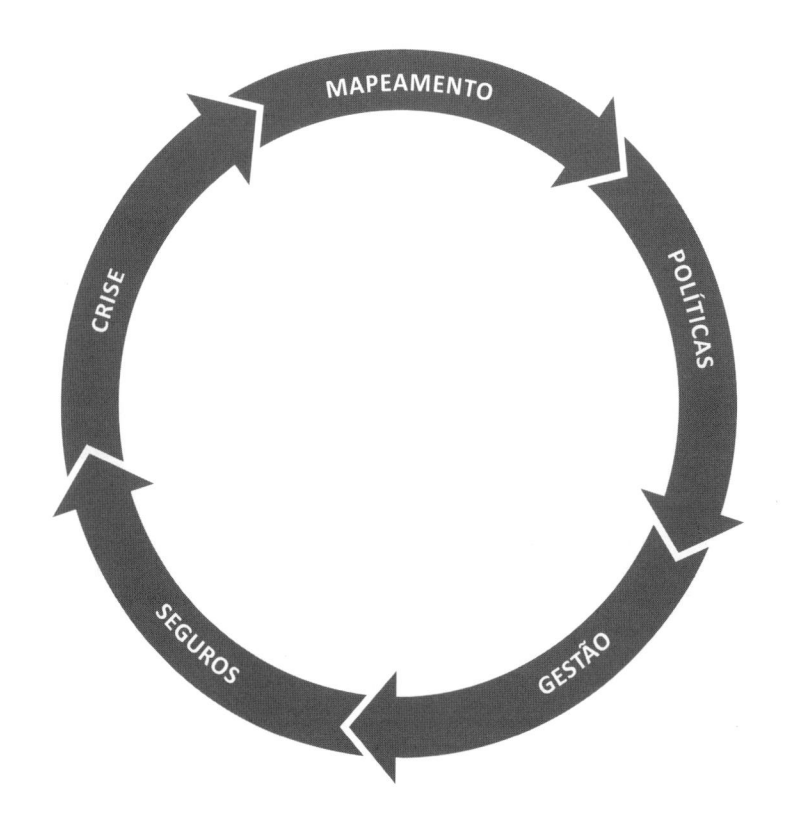

Diagram: Cycle with stages MAPEAMENTO → POLÍTICAS → GESTÃO → SEGUROS → CRISE → (back to MAPEAMENTO)

CRISE
Existe um grupo de gerenciamento de risco formado nas empresas? Se sim, qual a composição dele? Há alguma reunião periódica para discutir as contingências e os planos de ação em caso de risco?

MAPEAMENTO
O que as empresas estão fazendo para mapear os riscos envolvidos em eventos?

POLÍTICAS
Existem cláusulas na política de viagens e eventos que cubram possíveis riscos? Quais aspectos são contemplados (por exemplo, acidentes de trajeto, hospedagem, atividades especiais, montagem de eventos)? São efetivamente gerenciados (por exemplo, na política menciona-se que não mais que determinada quantidade de executivos podem viajar no mesmo voo, mas no caso de eventos isso é ignorado)?

GESTÃO
O que as empresas têm feito para mitigar os riscos envolvidos em eventos? Existe uma área específica voltada à gestão de riscos? Essa atividade é realizada por algum departamento (por exemplo, pela segurança, pelo RH)?

SEGUROS
Como tem sido a contratação dos seguros? Quem contrata (empresas, agências)? O que cobrem e o que não cobrem?

Algumas empresas, principalmente as internacionais, com grande número de viajantes, já desenvolveram programas, políticas e processos, além de adquirirem ferramentas de proatividade e controle de gestão de crise que vêm sendo cada vez mais utilizadas. Apresentamos algumas a seguir:

- Aquisição de ferramentas de controle e localização global de viajantes, conhecidas como people tracker, que permitem ao gestor de viagens (e time de contingência) identificar em poucos minutos onde estão seus colaboradores (cidade, voos e hotéis).
- No que diz respeito à saúde do viajante, o programa em si é de orientação, prevenção, diagnóstico e consultoria, para minimizar prejuízos pessoais e econômicos (lembrem-se de que tratamos de viagens corporativas).
- Outra prática é a proibição de viagens a países de risco. São identificados países que oferecem riscos à saúde do passageiro, como regiões infectadas ou de grande probabilidade de contágio de doenças, como febre amarela, e vírus, como o H1N1, ebola, etc.
- Alertas diários, que são enviados aos viajantes e destinatários designados na empresa, com informativos sobre incidentes e acidentes no mundo, para que medidas preventivas possam ser tomadas com rapidez. As TMCs, em geral, possuem ferramentas que enviam essas informações por *smartphones*.
- Planos de contingência, que consistem em determinar e normatizar procedimentos (fluxograma) em casos de emergência (incidentes ou acidentes). Nesse caso, itens da política de viagens são muito importantes e devem ser mandatórios, principalmente no que diz respeito aos meios de compra de viagens (OBTs), ou designados pelas TMCs, porque as ferramentas de localização de viajantes só são eficazes quando os procedimentos são cumpridos. Por exemplo, se um viajante compra uma passagem pela internet, essa viagem não é rastreada pelos sistemas, e, em caso de algum acidente, esse passageiro não poderá ser localizado. O mesmo ocorre com hotéis. As TMCs precisam estar

sempre bem informadas sobre como é o fluxo de crise/emergência, para que, em caso de necessidade, pessoas de vários departamentos da empresa possam ser acionadas imediatamente para fazer fluir a comunicação.

> As ferramentas identificam somente as reservas nos hotéis e companhias aéreas, e não a informação de embarque ou de acomodação. Estas são sigilosas, protegidas por lei, e somente as companhias aéreas e hotéis possuem esses dados.

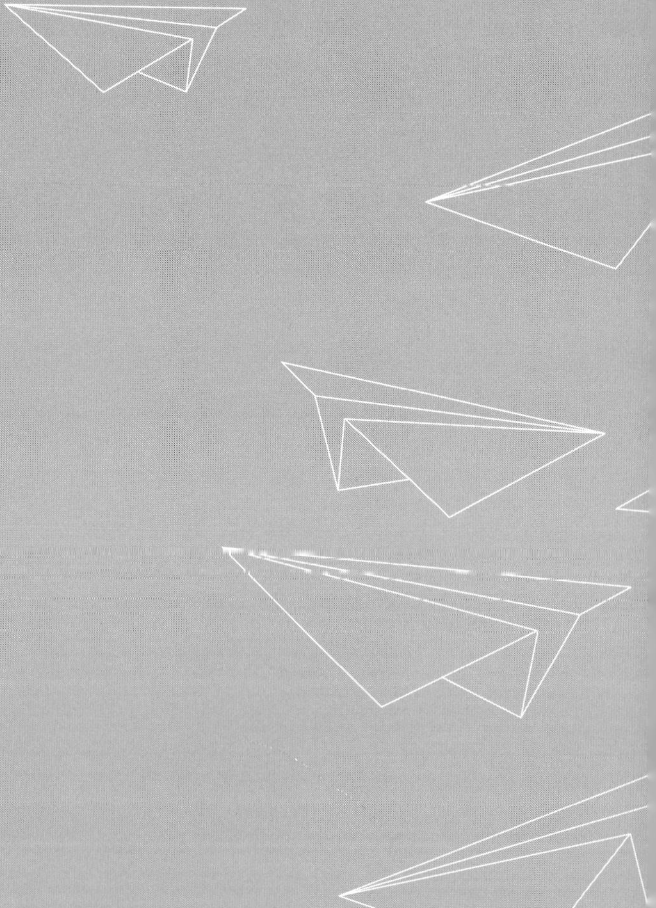

Tecnologia em viagens corporativas

É impossível falar em viagens corporativas sem mencionar a importância e os aspectos gerais da tecnologia, dos sistemas de distribuição, das ferramentas das TMCs, das conexões com companhias aéreas, de OBTs, de expense management, de mobilidade e dos aplicativos disponíveis para o viajante e/ou gestor de viagens.

Neste capítulo, apresentaremos uma visão macro do impacto das novas ferramentas tecnológicas para essa indústria, que podem facilitar o planejamento de viagens e eventos, lembrando que novos programas são desenvolvidos todos os dias.

Quando o tema é tecnologia em viagens, uma das grandes dúvidas que surge é: qual a melhor maneira de a empresa-cliente gerir e comprar?

Uma vertente defende a compra livre de viagens (open booking), a qual é realizada pelo próprio viajante em diferentes canais de compra não tradicionais (*web*, OTAs, *sites* de fornecedores, etc.). A outra defende a compra exclusivamente pela TMC, para que haja maior controle e melhor gestão, uma vez que as compras de passagens aéreas e hotéis efetuadas por outras vias não são rastreáveis automaticamente. No entanto, existem algumas ferramentas que consolidam as informações de viagens quando a compra é efetuada fora dos canais tradicionais de distribuição (TMC e OBT), possibilitando, assim, que a compra seja localizada e, consequentemente, gerenciada (essa prática é conhecida como managed travel).

As novas gerações de viajantes e a mobilidade criada pela tecnologia são motivos pelos quais as empresas têm, cada vez mais, buscado ferramentas para a gestão das compras de viagens, conforme descrevemos anteriormente.

A seleção das ferramentas e do parceiro de tecnologia (fornecedor) é realizada sempre durante o programa de parcerias dentro da metodologia dos 4 Ps. Devem ser analisados vários fatores, como:

- Qual ferramenta utilizar?
- Qual o tipo de contratação?
- Qual a adoção possível?
- Quais são os resultados esperados (*savings*, melhoria de processos, transparência, auditoria, liberdade para o viajante)?

Ferramentas e soluções disponíveis

FERRAMENTAS DE RESERVAS E COMPRAS – OBTs

A ferramenta mais presente no mercado latino-americano, incluindo o brasileiro, é a Online Booking Tool (OBT), também conhecida como Self Booking Tool (SBT). Algumas TMCs adquirem a OBT e a "batizam" com sua própria marca.

OBTs são ferramentas específicas para o segmento de viagens corporativas, que otimizam os processos de solicitação, cotação, aprovação e emissão, acessadas por viajantes, solicitantes e aprovadores, via *web*, permitindo que a empresa tenha suas políticas e acordos configurados, monitorados e gerenciados pelos relatórios *on-line*.

As principais vantagens de uma ferramenta *on-line* são:[2]

---

2 Vantagens comprovadas em pesquisa realizada pela Argo IT, em 2014

- Permitir a redução de custos das empresas, principalmente pelo efeito "culpa visual", uma vez que o viajante tende a optar pela melhor compra quando ele é o responsável pela solicitação e está ciente de que haverá indicadores de desvio quando não seguir a política de viagens.
- Controlar a demanda de viagens. O chefe do viajante consegue obter com antecedência informações em tempo real sobre as viagens confirmadas ou reservadas, para possíveis ações de redução do número de viagens ou viajantes para um mesmo destino/compromisso.
- Aumentar a eficiência dos processos de viagens corporativas. Uma única busca pode cobrir diversos canais de distribuição (GDS ou *website*), aumentando a produtividade do consultor da TMC, viajante ou solicitante de viagens. Nesse contexto, as ferramentas também permitem decisões mais rápidas e, consequentemente, maior utilização de tarifas de oportunidade (preços reduzidos).

> A utilização da ferramenta OBT aumenta a produtividade do consultor de viagens da TMC, o que resulta na redução do valor do *fee* pago à TMC, pois quanto maior a utilização da OBT, menor o *fee* cobrado.

- Tornar o relacionamento com os fornecedores mais transparente. Os fornecedores entendem que precisam ter tarifas mais competitivas para que o viajante, geralmente seguindo a política de viagens, decida pelo melhor preço (custo x benefício – com menor tarifa). No momento da negociação do programa de hotelaria, por exemplo, o comprador fará a análise do comportamento de compra e *market share* do fornecedor, o que facilitará e direcionará a negociação.
- Aplicar e controlar as políticas de viagem com eficiência.
- Usufruir da mobilidade – obter agilidade em todo o processo de compra e/ou aprovação por *smartphones*.

Alguns dados sobre a utilização de OBTs

Em 2014, uma pesquisa foi aplicada com clientes usuários de ferramentas *on-line*, comprovando as vantagens apresentadas anteriormente.

Os quatro principais motivos para usar uma ferramenta OBT (%)

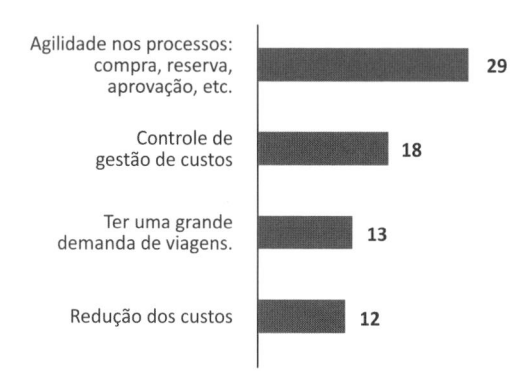

Motivo	%
Agilidade nos processos: compra, reserva, aprovação, etc.	29
Controle de gestão de custos	18
Ter uma grande demanda de viagens.	13
Redução dos custos	12

Fonte: Argo IT (2014).

Além do processo de reservas e compra de passagens aéreas, hotéis e locação de veículos, as OBTs podem oferecer muito mais funcionalidades, como:

- *Blacklist* (lista de fornecedores ou destinos proibidos).
- Controle de bilhetes não voados (não utilizados).
- Gestão de orçamento.
- Relatórios.
- Perfil do viajante.
- Função *mobile*.
- Single sign on.
- Emissão automática de passagens aéreas (robô de emissão).
- Reservas de trem e/ou ônibus (*off-line*).

> Importante mencionar que algumas ferramentas *on-line* podem ser disponibilizadas apenas como ferramentas de fluxo de solicitação e aprovação de viagens, os chamados de processos *off-line*.

Provedor de tecnologia e modelo de contratação

No mercado latino-americano, incluindo o Brasil, podemos encontrar várias opções de OBTs, desenvolvidas por empresas locais e internacionais. A seleção do fornecedor deve ser um processo bem detalhado e estratégico, preferencialmente por meio de um *bid*. No entanto, é muito comum uma empresa-cliente solicitar que a TMC contratada lhe ofereça a ferramenta.

O primeiro ponto a ser avaliado é o modelo de aquisição/contratação. Basicamente, existem dois modelos mais comuns:

- Licenciamento direto, em que a empresa-cliente adquire a licença da ferramenta diretamente do fornecedor de tecnologia.
- Licenciamento via TMC, no qual a agência já possui uma licença e oferece a utilização da OBT aos clientes sob sua contratação.

É importante a empresa observar as diferenças entre os modelos para direcionar o processo de concorrência e seleção da ferramenta.

LICENCIAMENTO DIRETO

Vantagens	Desvantagens
• Ser "dono" dos dados. • Flexibilidade na escolha de parceiros.	• Investimento na licença e esforço de operação e configuração da ferramenta.

LICENCIAMENTO VIA AGÊNCIA

Vantagens	Desvantagens
• Ter o apoio e *know-how* da agência para suporte e operação.	• Não ter o relacionamento direto com a empresa de OBT. • Depende do conhecimento da agência para a utilização adequada da ferramenta.

Independentemente do tipo de aquisição, é muito importante que a empresa-cliente avalie as capacidades técnicas e funcionais de cada ferramenta, pois, apesar de aparentemente serem muito semelhantes, existem variáveis que devem ser consideradas com maior profundidade.

> É recomendável que o time de tecnologia da informação (TI) das empresas sempre participe do processo de seleção da ferramenta.

Escolha da ferramenta

Para que a escolha seja a mais adequada possível, deve ser feito um *scorecard* (matriz de comparação) para avaliação da OBT. A seguir, citamos alguns dos principais itens de avaliação e atenção:

- Conteúdo aéreo – apesar de muito discutido, nem todas as ferramentas disponibilizam conteúdos de todas as companhias aéreas domésticas.
- Conteúdo terrestre – pelas características do mercado brasileiro, em que a grande maioria dos hotéis são independentes e alguns dispõem de pouco investimento em tecnologia para sua distribuição, o conteúdo de hotéis se torna um desafio. O cliente deve conhecer bem os destinos e hotéis utilizados em seu programa de viagens e avaliar a cobertura de cada OBT em relação a isso.
- Integrações – muitos clientes buscam as OBTs com possibilidade de integração com seus sistemas ERPs (sistemas de gestão das empresas), pois essas ferramentas capturaram as informações dos viajantes e carregam seus perfis (informações de RH), e também para integração com módulos de contabilidade com dados financeiros.
- Informações gerenciais – muitas OBTs disponibilizam inúmeros campos com informações que serão utilizadas para relatórios gerenciais. O importante, ao analisar a ferramenta, é verificar se as informações de cada campo de interesse migram para os ERPs ou mesmo para sistemas de consolidação global, no caso de empresas que têm

uma gestão de viagens regional ou global. Outra característica é a capacidade da ferramenta em seguir a estrutura de custos da empresa (centros de custos, subcentros de custos, múltiplos centros de custos ou projetos).

- Navegabilidade – sem dúvida o ambiente de navegação deve ser o mais intuitivo e amigável possível.
- Workflow de aprovação – como todas as OBTs oferecem essa funcionalidade, o fator de escolha aqui é a customização do fluxo, de acordo com a combinação e variação de hierarquias necessárias por cada empresa, limites de valores, tipos de viagens e múltiplos aprovadores.
- Habilitação de self ticketing – ou seja, processo automatizado de compra e emissão de passagens aéreas (reservas de hotéis e carros também) sem a intervenção do consultor da TMC.
- Segurança da informação – como a ferramenta pode armazenar informações cruciais dos viajantes (número de cartão de crédito, passaporte, *e-mail*, etc.), as empresas que adquirem uma OBT devem se assegurar em relação à proteção de dados, armazenamento, criptografia, entre outros pontos que certamente constam na política de TI das empresas-cliente.
- Elegibilidade – ou seja, o que é possível ser transacionado via OBT. Passagens aéreas com trechos complexos (por exemplo, São Paulo/Brasília/Paris/Bogotá/Florianópolis/São Paulo) possuem uma construção tarifária complexa e exigem a análise de um especialista, uma vez que o sistema poderá trazer uma tarifa muito mais cara. Esse tipo de trecho deve ser consultado *off-line*, com os consultores da TMC. Geralmente, passagens domésticas ou mesmo internacionais ponto a ponto são elegíveis para reserva (e possível emissão) *on-line*.

Dados e pesquisas

Em recente pesquisa sobre OBTs, a maioria dos entrevistados considerou que, na aquisição dessa ferramenta *on-line*, o mais importante para a empresa é o acesso a melhores tarifas, seguido de segurança geral dos dados, redução de custos e transparência nas transações. Veja a relação por ordem de relevância:

- Melhores tarifas/acordos.
- Segurança geral dos dados.
- Redução de custos.
- Transparência nas transações.
- Melhorias nos processos.
- Precisão na análise.
- Acesso rápido em diversas plataformas.
- Interface em tempo real.
- Elaboração de relatórios.

Outro fato interessante apontado na pesquisa diz respeito à utilização da ferramenta. Somente metade dos usuários o faz pessoalmente. Isso demonstra que muitas empresas ainda centralizam as solicitações de viagens em solicitantes, conforme o gráfico a seguir:

Adoção das ferramentas

QUEM USA (%)

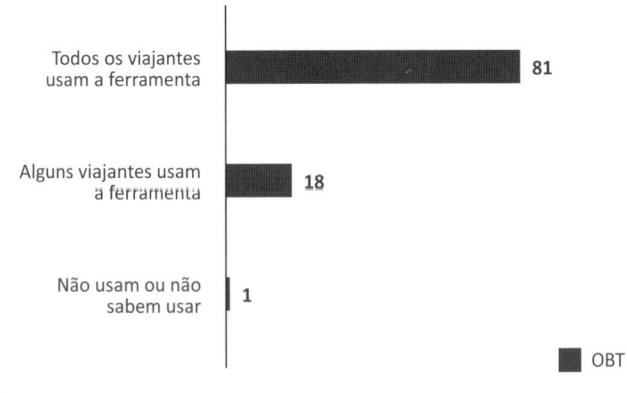

Todos os viajantes usam a ferramenta	81
Alguns viajantes usam a ferramenta	18
Não usam ou não sabem usar	1

■ OBT

Fonte: Argo IT (2014).

COMO USA (%)

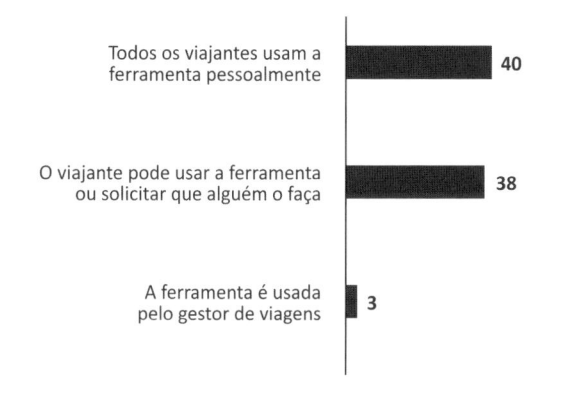

Todos os viajantes usam a ferramenta pessoalmente	40
O viajante pode usar a ferramenta ou solicitar que alguém o faça	38
A ferramenta é usada pelo gestor de viagens	3

■ OBT

Fonte: Argo IT (2014).

Além disso identificou-se, nessa pesquisa, que, em 51% das empresas que possuem OBT, ela é utilizada para realizar todas as operações. Em 49%, há exceções, conforme mostra o gráfico a seguir:

Grau de utilização das OBTs

51% DAS EMPRESAS QUE POSSUEM OBT UTILIZAM-NA PARA REALIZAR TODAS AS OPERAÇÕES.
JÁ 49% DAS EMPRESAS DECLARARAM QUE HÁ EXCEÇÕES.

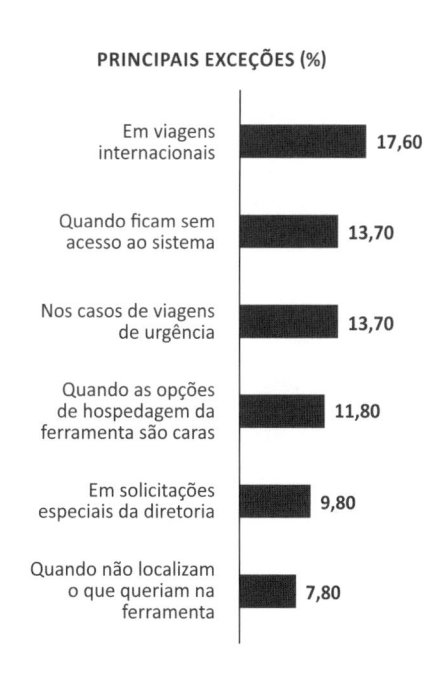

PRINCIPAIS EXCEÇÕES (%)

Em viagens internacionais	17,60
Quando ficam sem acesso ao sistema	13,70
Nos casos de viagens de urgência	13,70
Quando as opções de hospedagem da ferramenta são caras	11,80
Em solicitações especiais da diretoria	9,80
Quando não localizam o que queriam na ferramenta	7,80

Fonte: Argo IT (2014).

O custo da licença e implantação da ferramenta aparece como o principal fator para a não aquisição de uma OBT, seguido da resistência dos usuários e da falta de conhecimento da ferramenta.

Justificativa para o não uso das OBTs

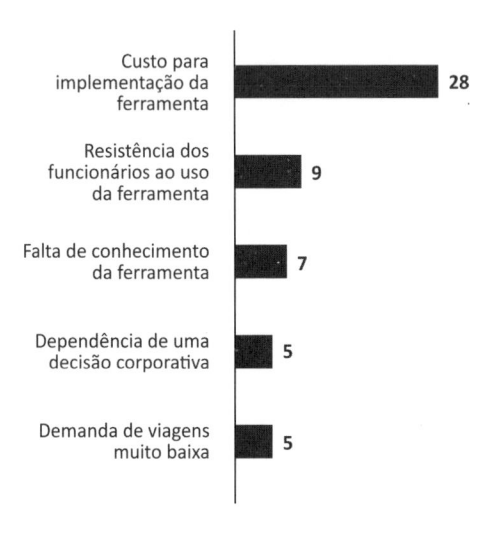

Justificativa	Valor
Custo para implementação da ferramenta	28
Resistência dos funcionários ao uso da ferramenta	9
Falta de conhecimento da ferramenta	7
Dependência de uma decisão corporativa	5
Demanda de viagens muito baixa	5

Fonte: Argo IT (2014).

Em linhas gerais, os principais custos envolvidos na aquisição e implementação de uma OBT são:

- Custo da licença (o número de licenças pode variar de acordo com o número de usuários).
- *Set-up fee*, ou seja, taxa de implantação, configuração e customização da ferramenta para a realidade técnica de uma empresa.
- Manutenção técnica (anual, semestral ou mensal).
- Custo por transação.
- Custos de treinamento (hora).
- Custos de deslocamento (aéreo, hotel, táxi, etc.), em casos de treinamento realizado em outras localidades, como filiais das empresas, etc.
- Consultoria de implantação.

- Hospedagem de dados (limite máximo e excedente).
- Servidores compartilhados ou dedicados (dependendo da política de segurança da empresa-cliente e quantidade de dados).
- *Backup* das informações.
- Customizações.
- Regionalização com diferentes TMCs.

Implementação da ferramenta

Após a escolha do modelo de utilização e do fornecedor, entramos em uma das fases mais importantes: a implementação, ou seja, ativar a ferramenta e iniciar a sua utilização. O sucesso da estratégia *on-line* está totalmente vinculado a um processo de implementação bem-sucedido. Enumeramos aqui o passo a passo das principais atividades desse processo, para que seja realizado de forma satisfatória:

- Definição dos envolvidos e das responsabilidades.
- Carga de usuários – transferência de dados da base de RH do cliente para a ferramenta.
- Customização da política de viagens.
- Metodologia para cálculo de economias.
- Definição do grupo ou departamento para implementação de piloto.
- Plano de comunicação para usuários.
- Treinamento para uso da ferramenta.
- Envolvimento dos *stakeholders* – trabalhar resistência.
- Obtenção do apoio e *know-how* da TMC.
- Acompanhamento constante por relatórios.
- *Benchmarking* com outros *players*.
- Análise dos ganhos obtidos e comunicação interna.
- Utilização de *gamification* como estratégia de incremento de adoção.

> Como a operação e o atendimento da TMC estão totalmente ligados à OBT da empresa-cliente, antes do processo de implementação se faz necessário entender o papel de cada um nesse cenário.

A parte de customização da ferramenta se inicia com a política de viagens. Os parâmetros estabelecidos devem ser configurados na ferramenta para que a política seja cumprida e os desvios sejam devidamente identificados.

São alguns dos principais aspectos a serem ajustados na OBT:

- Antecedência mínima de compra.
- Utilização de fornecedores preferenciais.
- Bloqueio de fornecedores e destinos proibidos.
- Conceito de melhor tarifa (Lowest Logical Airfare – LLA).
- Se a empresa flexibiliza a compra da menor tarifa até um limite (%) de variação sobre a melhor tarifa disponível.
- Hierarquias de custos (centros de custos, projetos, rateios).
- Moedas distintas.
- Medição de SLA.
- Fluxos de aprovação.

> Fluxos de aprovação são uma característica do mercado brasileiro e dos demais países latino-americanos. É a necessidade de pré-aprovação de viagens. Ele pode ser simples, com apenas uma aprovação, ou mais complexo, com várias etapas, de acordo com o tipo da viagem.
>
> Os tipos mais comuns de aprovação são:
> • Por motivo específico de viagem.
> • Por alçada de valores.
> • Por descumprimento de política (segundo nível).
> • Aprovação sequencial (todos os aprovadores deverão fazê-lo na ordem do primeiro ao último aprovador).
> • Aprovação paralela (todos os aprovadores da lista deverão aprovar independentemente da ordem dos aprovadores).

INTEGRAÇÃO COM ERPs

Os Enterprise Resource Planning (ERPs) designam sistemas integrados de gestão empresarial que incorporam todos os dados e processos de uma organização em um único sistema. A integração pode ser realizada conforme a perspectiva funcional (sistemas de finanças, contabilidade, recursos humanos, fabricação, *marketing*, vendas, compras, etc.) e a perspectiva sistêmica (sistema de processamento de transações, sistemas de informações gerenciais, sistemas de apoio à decisão, etc.).

Em termos gerais, são plataformas de *software* desenvolvidas para integrar os diversos departamentos de uma empresa, possibilitando a automação e o armazenamento de todas as informações de negócios.

Outro processo importante a ser avaliado pelo gestor, em conjunto com os departamentos de finanças e de tecnologia, é a integração da OBT com os ERPs da empresa, que permite que os dados destes migrem para aquela, e vice-versa. Esses dados vão desde a base de RH, para alimentar o perfil dos viajantes – nome, *e-mail*, contatos, hierarquia, alçada de aprovações – até informações financeiras –, como centros de custos, orçamento e projetos. Essas integrações possibilitam que a ferramenta esteja sempre atualizada sobre a entrada e a saída de funcionários da empresa, identifique e controle o fluxo de aprovações, bem como elimine processos redundantes, pois, uma vez que os sistemas estejam integrados, não há necessidade de inserção de dados manuais para o processamento de pagamentos, por exemplo.

Assim podemos dizer que a OBT é uma ferramenta imprescindível para que a empresa possa obter resultados econômicos (*savings*), controle e processos mais transparentes e eficazes.

GESTÃO DE DESPESAS

Expense management, ou gestão de despesas, é o processo de gerenciamento total de despesas de viagens de uma empresa. Dizemos total porque, por esse processo, é possível identificar, mensurar e gerenciar outros custos de viagens, além do custo da TMC, das passagens aéreas, dos hotéis e da locação de veículos. Estes últimos geralmente são transacionados pela TMC e identificados por relatórios gerenciais.

Sempre que nos referimos ao processo de gestão de despesas visualizamos um *iceberg*. Sua ponta, a parte mais evidente (para fora da água), são os gastos que passam pela TMC, mas, conforme explicamos anteriormente, existem muitos outros gastos não identificados (submersos) que as empresas não visualizam facilmente, e, portanto, acabam não os gerenciando, como táxis, refeições, quilometragem, etc.

- Passagens aéreas
- Hotéis
- Locação de veículos
- Custo da TMC

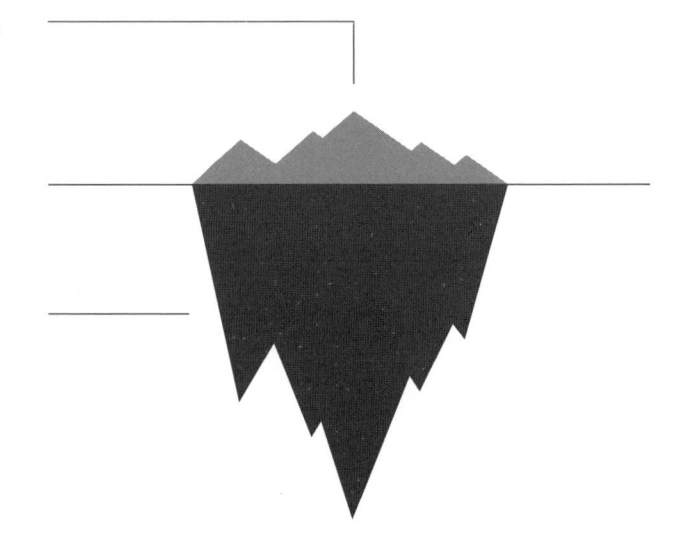

- Táxis
- Refeições
- Lavanderia
- Quilometragem

Para fazer a gestão dessas despesas são utilizados sistemas específicos, geralmente conhecidos como ferramentas de expense management, que apresentam as seguintes características:

- Possibilidade de as empresas obterem suas políticas configuradas e monitoradas.
- Orçamento de viagens mais detalhado.
- Fluxos de aprovações configurados.
- Importação de dados de cartões de crédito e TMC.
- Integração com OBT e ERPs.
- Extração e exportação de relatórios.

A seleção e a contratação do fornecedor, assim como da OBT, podem ser realizadas por *bids*, ou mesmo contratando-se os respectivos módulos de operação no caso de ERPs, ou pelas TMCs.

Esse processo de prestação de contas pode ser complexo, pois em uma viagem podem ocorrer várias formas de pagamento, com vários fornecedores e em várias moedas, como se descreve a seguir:

- Pagamento com cartão de crédito – a despesa pode ser paga por cartão virtual ou físico. No caso de cartões físicos (plástico), há duas formas mais comuns de pagamento: o centralizado e o descentralizado. No primeiro, o viajante é responsável pelo pagamento da despesa e é reembolsado pela empresa após a prestação de contas. No segundo, apesar de cada um ter o seu cartão plástico, a empresa processa o pagamento diretamente do cartão de crédito após a prestação de contas.
- Pagamento em espécie (*cash*) – efetuado no caso de despesas em que não é possível utilizar o cartão de crédito.
- Adiantamento – similar ao reembolso, porém, nesse caso, o viajante recebe o valor antes da viagem e faz a prestação de contas no retorno.

Processo *end to end*

Quando falamos de expense management, estamos nos referindo à evolução de um processo de viagens para o que chamamos de "processo de viagem inteligente", ou seja, aquele gerenciado do começo ao fim (*end to end*). Esse processo é iniciado a partir de uma solicitação *on-line* via OBT, passa pelos fluxos de aprovação do mesmo sistema, são efetuados os pagamentos (preferencialmente via cartão de crédito) e, posteriormente, a prestação de contas por meio de um sistema de expense management integrado a um ERP. Os relatórios são a última parte desse processo e permitirão a análise das compras por meio de indicadores para a renovação do programa de parcerias.

Dados e pesquisas

Em uma pesquisa realizada pela Argo IT em 2014, foram analisados alguns dados comportamentais e estratégicos para a implementação e adoção de ferramentas de expense management nas empresas.

Inicialmente, foram identificados quais os atributos mais importantes para a implementação desse tipo de ferramenta.

O que é considerado importante para uma ferramenta Expense (%)

Atributo	%
Redução de custos	70
Transparência e controle nos gastos	70
Controle e gestão	66
Visibilidade na auditoria	66
Informações consolidadas	65
Melhoria nos processos	64
Conveniência do usuário	57
Mobilidade	54
Digitalização dos comprovantes	53
Elaboração dos relatórios	53
Pré-faturamento	51
Sistema amigável	51

Fonte: Argo IT (2014).

De acordo com a mesma pesquisa, os quatro principais motivos para a aquisição e implementação de um sistema de expense management são:

Expense (%)

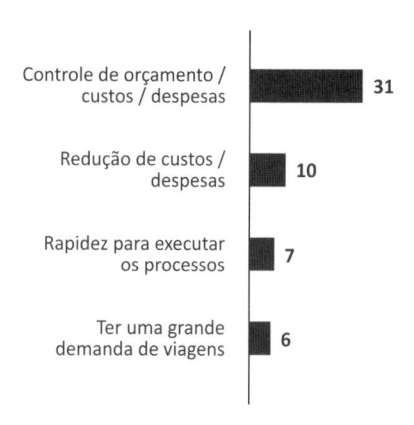

Motivo	%
Controle de orçamento / custos / despesas	31
Redução de custos / despesas	10
Rapidez para executar os processos	7
Ter uma grande demanda de viagens	6

Fonte: Argo IT (2014).

Ao mesmo tempo, as principais barreiras para sua implementação são:

Expense (%)

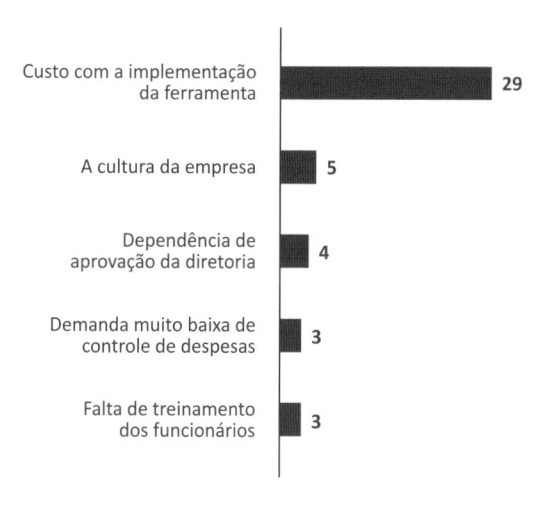

Barreira	%
Custo com a implementação da ferramenta	29
A cultura da empresa	5
Dependência de aprovação da diretoria	4
Demanda muito baixa de controle de despesas	3
Falta de treinamento dos funcionários	3

Fonte: Argo IT (2014).

De acordo ainda com a pesquisa, quem mais utiliza os sistemas de expense management são os próprios usuários e não alguém em seu nome:

QUEM USA (%)

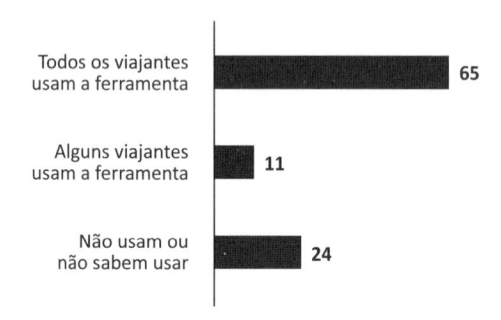

- Todos os viajantes usam a ferramenta: 65
- Alguns viajantes usam a ferramenta: 11
- Não usam ou não sabem usar: 24

COMO USA (%)

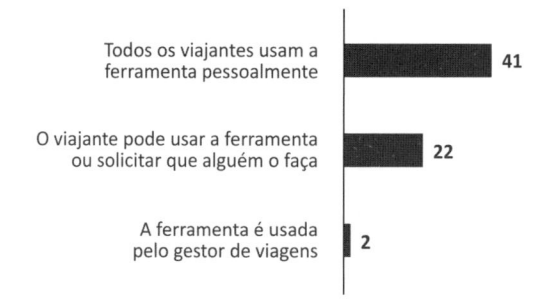

- Todos os viajantes usam a ferramenta pessoalmente: 41
- O viajante pode usar a ferramenta ou solicitar que alguém o faça: 22
- A ferramenta é usada pelo gestor de viagens: 2

Fonte: Argo IT (2014).

O gestor de viagens e o responsável da área de tecnologia e de finanças são responsáveis pelo desenho do projeto de implementação e mensuração dos resultados.

> O caminho para a gestão minuciosa de gastos de viagens é a implementação de um processo *end to end* e uma política de viagens e gastos detalhada, clara e disseminada nas empresas.

OUTRAS FERRAMENTAS

Como já comentamos, a tecnologia permeia todos os processos de viagens e eventos corporativos. Demos ênfase à OBT e ao expense management, visto que são as principais ferramentas para viagens. Agora, destacamos algumas outras ferramentas também importantes para o exercício da gestão.

Portal de viagens

Uma página *web*, própria da empresa ou disponibilizada pela TMC, que pode ser personalizada para o cliente, contendo:

- Política de viagens e programa de parcerias.
- *Link* para a OBT e ferramenta de expense management.
- Informativos diversos, como crises, previsão do tempo, etc.

> Com a gestão focada cada vez mais no viajante, é importante dispor soluções e informações interessantes para esses profissionais e solicitantes de viagens.

Perfil do viajante

Ferramenta *on-line* que armazena informações e preferências do viajante, além de todos os dados, como documentação (número de passaporte, vacinas, vistos), programas de fidelização, entre outros.

Como esses perfis ficam armazenados na nuvem, o viajante pode e deve atualizar seus dados a qualquer momento, e as informações são inseridas imediatamente no sistema da TMC e da OBT. Outra vantagem é que a ferramenta funciona como um Customer Relationship Management (CRM), e pode enviar, por exemplo, avisos de vencimento de passaporte e vistos, com antecedência, permitindo, assim, que o viajante se programe e tome as devidas providências.

Workflow de aprovação

Apesar de a penetração e adoção das ferramentas OBT apresentarem um forte crescimento, algumas empresas ainda não as adquiriram porque, na maior parte das vezes, desconhecem suas vantagens. Acabam requerendo, assim, a implementação de somente uma ferramenta de solicitação e aprovação de viagens.

Tecnologia *mobile*

Existe atualmente uma infinidade de aplicativos móveis voltados para o viajante, desenvolvidos tanto no Brasil como em outros países. As TMCs não são exceção; elas também investem em *apps* que facilitam a vida do viajante, como uma extensão de seu portal ou da OBT, em que é possível armazenar as viagens em um banco virtual, e encontrar facilidades, como previsão do tempo, aprovação de viagens e expense management.

Ferramentas de gestão de risco

As ferramentas de gestão de risco, ou sistemas de rastreamento e localização de passageiros, são de uso restrito do comitê de crise, departamento de segurança, RH e/ou gestor de viagens. Com a utilização delas, é possível localizar o viajante (a partir dos dados de sua reserva) em poucos *clicks*. Com base nas informações geradas por esses sistemas podem ser tomadas decisões em momentos de crise, como definir a estratégia de retirada de viajantes em países em conflito ou afetados por alguma catástrofe natural. Funciona em ambiente *web* e apresenta um mapa interativo.

> É muito importante que na política de viagens esteja especificado que as reservas, principalmente de hotéis, sejam realizadas por TMC ou OBT, pois os sistemas de rastreamento e localização de passageiros buscam informações nesses canais. Ou seja, se um viajante comprou uma passagem aérea ou efetuou a sua reserva de hotel por meio de uma OTA (canal de distribuição não padrão da empresa), torna-se muito difícil localizá-lo em momentos de crise.

Canais de distribuição e compra

GLOBAL DISTRIBUTION SYSTEM (GDS)

Os GDSs se originaram na década de 1980, a partir da necessidade de integração do conteúdo de diferentes e variados sistemas de reservas de companhias aéreas existentes na época (o Computer Reservation System – CRS). Esses sistemas globais de distribuição (GDSs) disponibilizam, de uma única vez, informações (conteúdo) de diferentes companhias aéreas, hotéis, locação de veículos, etc.

Os GDSs ainda são os grandes responsáveis pela distribuição global de conteúdo de companhias aéreas, mesmo quando elas possuem distintos canais de distribuição. Por meio desses sistemas, as companhias locais ou regionais podem ser vendidas em qualquer parte do mundo. Por exemplo: um passageiro que deseja viajar de Paris a Goiânia terá de fazer a conexão de um voo internacional com um doméstico. Para que a venda desse trecho doméstico seja disponibilizada junto ao trecho internacional, a companhia aérea local (brasileira) deve disponibilizá-lo no GDS, para que a agência de viagens do exterior possa comprar todo o trecho.

Esses sistemas não são mais de utilização exclusiva das TMCs, e hoje se posicionam como empresas de tecnologia e desenvolvimento de sistemas e aplicativos para viagens. Outro desenvolvimento que tende a crescer é a venda de serviços adicionais (ancillary fees). Cada vez mais, as companhias aéreas querem conhecer seus viajantes e suas necessidades para oferecer a seus clientes produtos e serviços direcionados ao perfil deles, como assentos especiais, refeição, entretenimento a bordo e até embarque prioritário. Os GDSs são aprimorados para diminuir essa distância do cliente final (empresa, gestor e viajante), uma vez que tais funcionalidades estão disponíveis nos *sites* das companhias aéreas.

COMÉRCIO ELETRÔNICO

Antes de nos aprofundarmos em canais de distribuição de compra, é preciso entender um pouco sobre comércio eletrônico, ou seja, transações eletrônicas de bens e serviços, mais comumente chamadas de *e-commerce*.

Dependendo dos envolvidos nessas transações *on-line*, existem nomenclaturas específicas. Vejamos as mais comuns:

- *Business to business* (B2B) – transações realizadas entre pessoas jurídicas, na compra e venda de serviços e/ou produtos.
- *Business to consumer* (B2C) – transações realizadas de pessoas jurídicas para pessoas físicas, ou seja, consumidores finais.

De modo crescente, hotéis, companhias aéreas e demais *players* estão investindo na diversificação dos seus canais de distribuição. Eles foram deixando de fazer uso exclusivo dos meios tradicionais, como os GDSs, e começaram a investir no comércio eletrônico. As companhias aéreas, por exemplo, trabalham tanto no segmento B2C quanto no B2B, uma vez que realizam suas vendas em agências de viagens e portais.

Os fornecedores buscam cada vez mais conhecer seus clientes, seu perfil e a frequência com que fazem compras, além de suas preferências, para que possam oferecer o produto/serviço certo. Muitos meios tradicionais de distribuição não fornecem essa inteligência. Um bom exemplo são as lojas virtuais, como a Amazon e o Submarino. O cliente preenche um formulário em que aponta suas preferências, assim a empresa pode sugerir produtos de acordo com as informações cadastradas, sempre que ele navegar pelo *site*. Também é possível reconhecer o cliente pelo IP do computador e fazer a mesma oferta.

Com esse princípio – de conhecer melhor seus clientes e oferecer a eles opções, de acordo com o seu perfil, desejos e necessidades –, além de se reduzir custos (pois, na utilização de canais tradicionais, paga-se para que seja feita a distribuição), aumenta-se o número de oferta e consequente demanda por compra de viagens *on-line* pelo público corporativo.

Esse cenário, porém, apresenta perspectivas de mudança, uma vez que a International Air Transportation (IATA), ou Associação Internacional de Transportes Aéreos, está trabalhando em uma nova ferramenta chamada New Distribution Capability (NDC), que tem o objetivo de resolver os problemas de distribuição pelos quais a indústria passa, oferecendo diferenciação de produtos, bem como acesso a um vasto e rico inventário de voos, transparência de processos e uma experiência melhor de compra.

Pressionados pela constante política de redução de custos, os viajantes corporativos de algumas empresas fazem buscas *on-line* para comparar as opções ofertadas pela TMC, e, caso a empresa não tenha políticas rígidas, alguns viajantes compram direto de OTAs ou em *sites* de fornecedores.

Para efeitos de gestão, esse processo é muito impactante, uma vez que as compras *on-line* não aparecem nos relatórios das TMCs. E se a empresa não utiliza cartão corporativo individual (físico), torna o processo de gestão mais difícil ainda. Como consequência, há falta de controle, possibilidade de não cumprimento da política, perda de economia e redução do poder de barganha junto aos fornecedores. Do ponto de vista da segurança, essas viagens não são rastreáveis pelos sistemas convencionais de localização de viajantes, pois esses sistemas se baseiam em informações das reservas dos viajantes.

A boa notícia é que já existem sistemas que são capazes de concentrar as compras feitas via OTAs e *sites*. Desse modo, o gestor pode ter acesso a informações que garantam o controle da política de viagens, o fluxo de autorização, a gestão segura dos dados e a consolidação dos relatórios gerenciais.

Sobre a compra de diárias de hotéis, há um problema que se agrava: o custo de distribuição tradicional ainda é um impeditivo para algumas redes e propriedades utilizarem esse canal de distribuição. Os hotéis que pertencem a redes, principalmente às internacionais, estão acostumados a esse processo e podem ser encontrados pela maioria dos meios tradicionais de distribuição. Porém, no Brasil, somente 35% das propriedades (hotéis) pertencem a redes, enquanto o restante são hotéis independentes ou redes locais, que não trabalham com sistemas de distribuição.

Em relação aos hotéis, há outro *player* a ser considerado, que são os *brokers* (operadores) de hotéis, que negociam diárias em grandes quantidades e podem oferecer opções de compra direta para os viajantes corporativos por meio de outras agências de viagens que não a TMC contratada pelo cliente, o que agrava ainda mais o cenário de compra direta.

OPEN BOOKING

No cenário abordado anteriormente, surgem as discussões sobre open booking, ou seja, a liberação da compra de passagens aéreas, hotéis e outros serviços diretamente pelo viajante ou solicitante, em qualquer canal de distribuição, tradicional ou não. Existem aqueles que apoiam essa prática, cujas políticas e processos são focados na experiência do viajante, principalmente do novo viajante (geração milênio), que demanda flexibilidade e liberdade; por outro lado, há empresas com políticas menos flexíveis, orientadas a processos e controles que não aderem a essa prática.

> Dados de pesquisas provenientes de algumas empresas-cliente nos Estados Unidos demonstraram que, para a aquisição de produtos mais simples, como reserva de hotéis e locação de veículos, os viajantes concretizaram a compra por canais diretos (por exemplo, *sites* de hotéis, locadoras, etc.). Porém, para passagens aéreas, recorreram ao processo tradicional e optaram pela compra por TMC.

Parte das questões discutidas sobre o open booking refere-se ao controle e rastreamento dos viajantes. E a principal preocupação diz respeito à utilização de acordos comerciais do cliente, uma vez que fora da TMC não é possível a sua aplicação, e à possível perda de dados gerenciais, pelo mesmo motivo.

Preocupações do open booking

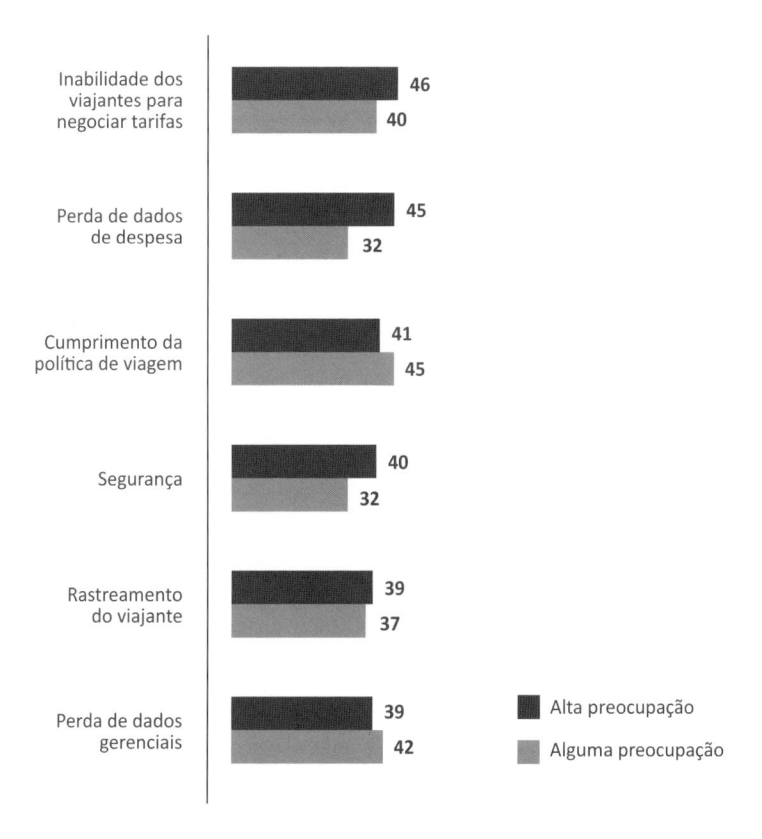

Categoria	Alta preocupação	Alguma preocupação
Inabilidade dos viajantes para negociar tarifas	46	40
Perda de dados de despesa	45	32
Cumprimento da política de viagem	41	45
Segurança	40	32
Rastreamento do viajante	39	37
Perda de dados gerenciais	39	42

Fonte: BTN Group/Travel and Transport. Pesquisa realizada com 139 clientes de viagem (entrevistados podiam escolher mais de uma opção). Fev.-Mar. 2013.

Open booking gerenciado

As empresas podem elaborar um fluxo e permitir que seus viajantes comprem em outros canais de distribuição, com gerenciamento da gestão de viagens, se as necessidades e obrigatoriedades referentes à política, segurança e *compliance* forem cumpridas, seguidas de um preço competitivo e uma experiência positiva do viajante. Caso algum desses pontos, nessa ordem, não sejam obedecidos, a compra deve ser obrigatoriamente efetuada por TMC ou OBT, conforme o infográfico a seguir:

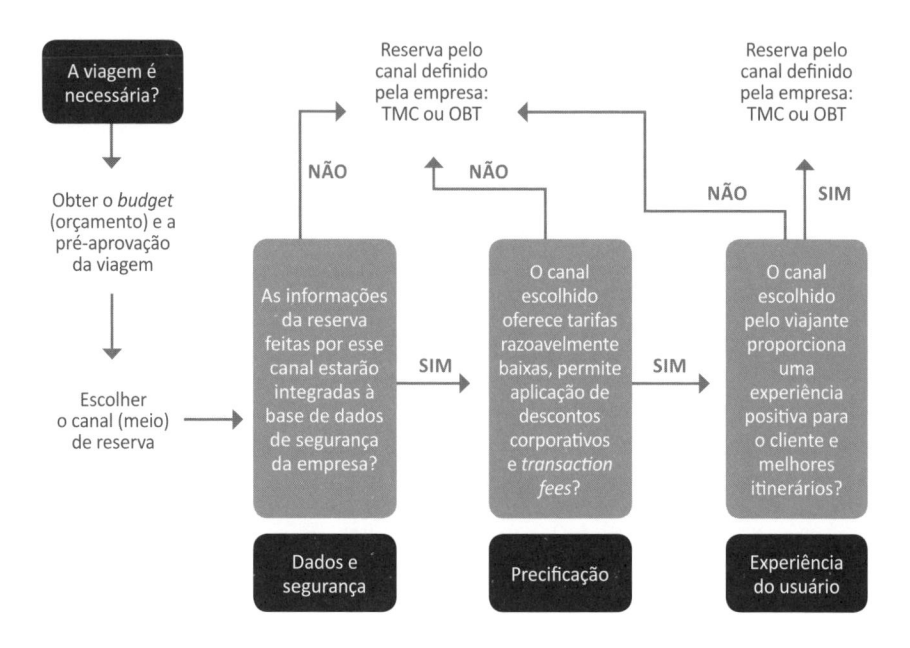

```
A viagem é necessária?
    ↓
Obter o budget (orçamento) e a pré-aprovação da viagem
    ↓
Escolher o canal (meio) de reserva
    →
As informações da reserva feitas por esse canal estarão integradas à base de dados de segurança da empresa?
    NÃO → Reserva pelo canal definido pela empresa: TMC ou OBT
    SIM →
O canal escolhido oferece tarifas razoavelmente baixas, permite aplicação de descontos corporativos e transaction fees?
    NÃO → Reserva pelo canal definido pela empresa: TMC ou OBT
    SIM →
O canal escolhido pelo viajante proporciona uma experiência positiva para o cliente e melhores itinerários?
    NÃO → Reserva pelo canal definido pela empresa: TMC ou OBT
    SIM ↑

Dados e segurança | Precificação | Experiência do usuário
```

Fonte: Gillespie's Guide to Travel+Procurement.

> Para seguir essa tendência e permitir que os viajantes possam optar por compras em outros canais (managed travel) que não a TMC, a empresa deve ter políticas claras e diretas, diretrizes expressas de segurança e ferramentas que consolidem as informações para a gestão efetiva de viagens.

Data management

Existe uma discussão sobre a qualidade dos dados, e não a quantidade, do data management (gerenciamento de dados). Cada vez mais o gestor necessita de informações comportamentais, em vez de transacionais. Ou seja, é preciso saber como o viajante está comprando suas viagens, com que antecedência e se está seguindo a política. O gestor não deve receber uma planilha gigantesca de dados de viagens com detalhes de número de bilhete, rota e uma infinidade de outras informações que não influenciam nem ajudam a gestão (ver "Desenvolvimento, desafios e oportunidades no mercado brasileiro", p. 21).

CLIENT REVIEW

O client review, ou revisão da conta do cliente, é a apresentação que a TMC, representada pelo gerente de contas, faz para o cliente, em geral trimestralmente, informando a situação de seu programa de viagens. Os dados são apresentados de forma comparativa, utilizando indicadores de *performance* comparados com períodos anteriores para medir a evolução das negociações, compra, *savings*, política de viagens, adoção de OBT, entre outros fatores.

Alguns itens que não podem faltar em um client review:

- Valor total de transações – volume de compra, *market share*, etc. – realizadas com os respectivos fornecedores.
- Antecedência de compra.
- Utilização de fornecedores preferenciais.
- Adesão ou não à política de viagens.
- Propostas de melhorias de processos, tendências de mercado e inovação.
- Novidades de mercado.

FERRAMENTAS DE BUSINESS INTELLIGENCE (BI)

Além das informações obtidas pela TMC por meio do client review, muitos gestores querem ter acesso rápido e fácil aos seus números para algum estudo ou apresentação aos *stakeholders*. As ferramentas de Business Intelligence (BI), geralmente disponibilizadas pela maioria das TMCs ou empresas de tecnologia, são a solução complementar para a gestão efetiva de viagens. Elas são essenciais para o gestor, pois permitem selecionar as informações que deseja, sendo estas, automaticamente, geradas pelo sistema e apresentadas de forma gráfica e dinâmica, sem a necessidade de serem solicitadas ao executivo de relacionamento da TMC. Com isso, a empresa-cliente ganha eficiência.

O diagrama a seguir mostra como se chegar à análise. O trabalho se inicia na obtenção dos dados e é concluído com a geração da informação para análise.

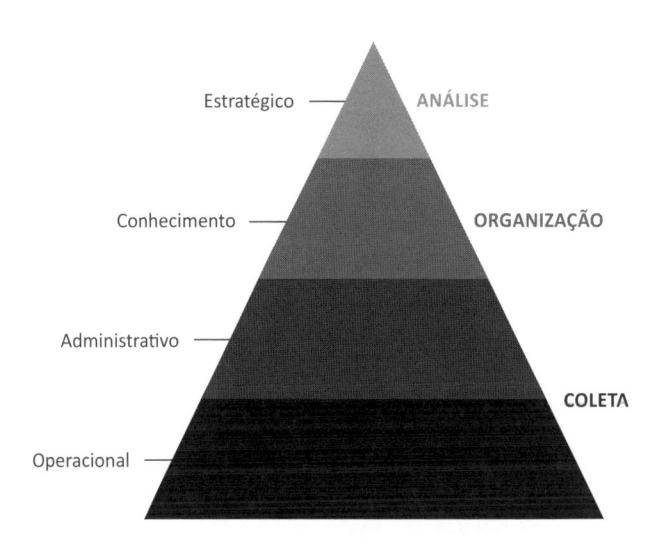

Pirâmide de Business Intelligence:

Níveis (da base ao topo): Operacional, Administrativo, Conhecimento, Estratégico.

Etapas (da base ao topo): COLETA, ORGANIZAÇÃO, ANÁLISE.

Data mining: mineração de dados. É o processo de explorar grandes quantidades de dados à procura de padrões consistentes.

Data warehousing: armazenamento de dados. Contém dados selecionados do OLTP, otimizados para consulta de informações.

Online transaction processing (OLTP): processamento de transações em tempo real.

Fonte: Comitê de Tecnologia e Inovação, ALAGEV e ABRACORP.

Para o gestor seria interessante ter uma clara visão do fluxo e entender como cada fornecedor da cadeia disponibiliza os dados para, em conjunto com a TMC, definir uma estratégia de obtenção e gestão da informação.

O diagrama anterior também mostra a origem das informações até o resultado (informações disponíveis no sistema de BI). O trâmite de informações é muito longo e complexo, necessitando, assim, que a TMC tenha um sistema de *back office* e *front office* muito integrado para que não exista nenhuma perda de dado e consequente erro nas informações.

Quanto mais automatizado é o processo de *input* de informações e menor é a inserção de dados manuais, mais precisos serão os relatórios, uma vez que o processo manual é mais suscetível a erros.

Procuramos neste capítulo trazer um pouco de tudo o que acreditamos ser relevante para a gestão de viagens corporativas. É claro que a tecnologia deve ser aplicada com adaptações relativas a cada cliente e seu programa de viagens. O fundamental é estar atento a todos os movimentos e melhorias nessa área que hoje se torna a mais importante dentro do negócio de viagens corporativas.

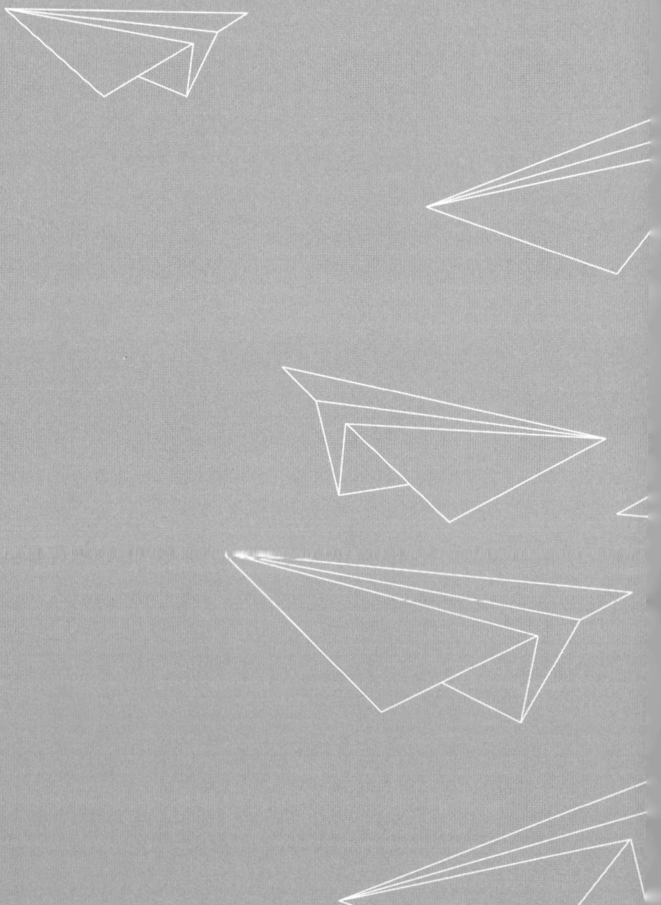

Eventos corporativos

Decidimos abordar neste capítulo somente os pontos principais dos eventos corporativos, tendo em mente que sua gestão, dentro das empresas-cliente, está cada vez mais conectada à gestão de viagens ou de negociação e compra dos serviços relativos a ambos os segmentos, por terem em sua maioria *stakeholders* e fornecedores em comum – o que otimiza e garante melhor produtividade e qualidade para os negócios, além de trazer mais economia pelo volume nas negociações.

Neste cenário, o gestor de viagens, por ter normalmente mais experiência na gestão de todos os fornecedores comuns, teria o papel de conectar as necessidades de eventos da empresa com o seu programa de parcerias e trabalhar com a área de compras em um planejamento para essa gestão conjunta.

A área de compras ou *procurement*, por sua vez, trabalharia nas negociações conjuntas para reduzir custos e riscos, construindo *pools* de fornecedores preferenciais para os dois negócios.

A área de eventos teria então somente a gestão de eventos compartilhada com essas outras áreas da empresa, mas o seu papel continuaria sendo o de criar, planejar, executar e operacionalizar os eventos para a empresa, seus produtos e clientes internos.

A integração entre esses setores se torna cada vez mais comum, principalmente no contexto atual do Brasil, onde, apesar da crise, existe a necessidade da continuidade e realização de eventos como ferramentas importantes de promoção e venda ou como atividades internas de planejamento e construção de novas estratégias.

Outro ponto que deve ser considerado é a valorização desses negócios de viagens e eventos, demonstrando o valor e o volume de eventos e viagens, assim como suas sinergias.

Quando mencionamos eventos corporativos, algumas vezes o entendimento que se tem é de que são feitos para empresas. Isso está correto na maioria das vezes, mas um evento corporativo é definido pelo pagador da conta. Se for pessoa jurídica, consideramos o evento corporativo, que faz parte do segmento de viagens corporativas.

Existem alguns eventos corporativos que se parecem e podem ser confundidos com grupos de turismo. Isso pode ocorrer, por exemplo, em campanhas de incentivo que têm viagens como premiação.

Nessas circunstâncias, tanto a empresa contratante quanto o participante têm como foco os serviços corporativos, pois, apesar de normalmente o prêmio ser uma viagem de lazer, o padrão e o atendimento devem estar voltados para a experiência do viajante.

Com o mundo cada vez mais conectado, e com eventos internacionais de todos os tamanhos aterrissando por aqui, fornecedores, destinos nacionais, agências de eventos e todos os profissionais que compõem essa cadeia produtiva precisam se especializar. Os participantes de eventos corporativos, cada vez mais conectados em mídias sociais, têm o mesmo poder e agilidade que o consumidor comum para avaliar, criticar ou elogiar marcas, produtos e serviços relacionados a eventos. Portanto, não existe mais lugar para amadores nessa área. Assim como na gestão de viagens, a gestão de eventos se torna um segmento cada vez mais técnico e dependente de gestão e tecnologia em todas as suas etapas.

> A oportunidade que gera um evento corporativo é única.
> Várias marcas estão por trás dos eventos e fazem deles uma vitrine para reafirmar sua competência.

Definição de eventos corporativos

Eventos corporativos é o encontro presencial ou virtual de um número de pessoas, em que se conduz ou compartilha determinada atividade, com o objetivo de motivá-las, fazer novos negócios, compartilhar ou difundir ideias e aprendizado. Eventos são utilizados como ferramenta de *marketing* para o lançamento de produtos, ações de relacionamento com clientes e muito mais.

Sua frequência pode se dar em um único evento ou obedecendo algum padrão específico, como encontros anuais, reuniões de ciclos, convenções bianuais, etc.

São exemplos de eventos corporativos mais comuns:

- Treinamentos.
- Ações de *marketing*.
- Eventos esportivos.

- Viagens de incentivo.
- Reuniões, palestras, *roadshows*.
- Convenções, simpósios, seminários.
- Lançamento de produtos.
- Exposições.
- Workshops.

O mercado de eventos corporativos no Brasil por ano

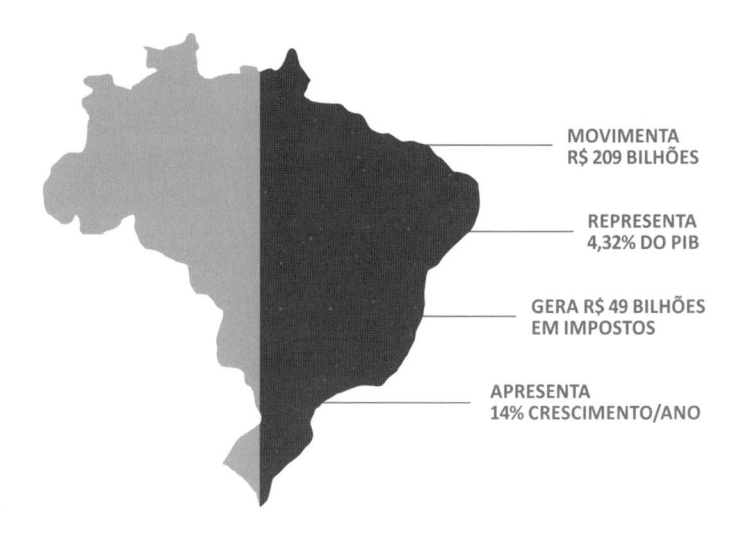

MOVIMENTA
R$ 209 BILHÕES

REPRESENTA
4,32% DO PIB

GERA R$ 49 BILHÕES
EM IMPOSTOS

APRESENTA
14% CRESCIMENTO/ANO

Fonte: ABEOC/SEBRAE. *II dimensionamento econômico da indústria de eventos no Brasil* – 2013. Florianópolis/Brasília, 2014.

Segundo o estudo da Associação Brasileira de Empresas de Eventos (ABEOC Brasil), o setor de eventos cresce cerca de 14% ao ano, com grandes eventos e também com um conjunto expressivo de pequenos e médios eventos que movimentam a cadeia de viagens de negócios por todo o Brasil.

O volume de recursos movimentado pelo setor no país mais que quintuplicou em doze anos. Estudo inédito, contratado pelo Sebrae em parceria com a ABEOC Brasil, revela que esse segmento movimentou R$ 209,2 bilhões em 2013, o que representa uma participação do setor de 4,32% do PIB da economia brasileira. Nesse ano, o país sediou 590 mil eventos, que, ao todo, tiveram a participação de 202,2 milhões de pessoas, as quais gastaram, em média, R$ 161,80 por dia (somando gastos de R$ 99,3 bilhões). A pesquisa anterior sobre esse mercado, feita em 2002 com dados de 2001, apontou que a renda anual da indústria de eventos foi de R$ 37 bilhões naquele ano. A renda total desse mercado é a soma dos gastos feitos pelos participantes de feiras, congressos e outros eventos com a receita gerada pela locação dos espaços destinados a esses encontros e pelo faturamento das organizadoras de eventos.

O estudo também mapeou a estrutura disponível para os eventos no Brasil. O país tem 9.445 espaços para feiras, congressos e eventos de diversas naturezas, que totalizam 10,2 milhões de metros quadrados e 9,2 milhões de assentos. A locação desses espaços gerou, em 2013, mais de R$ 37 bilhões. Os meses de setembro, outubro, novembro e dezembro são os mais procurados para o aluguel desses espaços.

A receita das empresas organizadoras de eventos aumentou dezoito vezes, em 2013, se comparada a 2001.

Desde 2009 o Brasil está entre os dez países do mundo que mais sediam eventos internacionais, de acordo com o indicador do International Congress and Convention Association (ICCA). Os dados mais recentes mostram que, em dez anos, o número de congressos e convenções de negócios internacionais realizados no Brasil cresceu 408%. Entre 2003 e 2013, o total de eventos internacionais passou de 62 para 315. No mesmo período, o número de cidades que sediaram eventos internacionais subiu 145%, passando de 22 para 54, e ainda há muito espaço para o crescimento do setor.

Viagens de negócios: que negócio é esse?

MICE

MEETINGS

INCENTIVES

CONFERENCES, CONVENTIONS AND CONGRESSES

EXHIBITIONS

DEFINIÇÃO

MICE é o acrônimo formado pelas iniciais das palavras em inglês Meetings, Incentives, Conferences and Exhibitions (encontros, incentivos, conferências e exposições).

Com o mundo cada vez mais globalizado e internacional, faz-se necessário um termo único para nos referirmos à indústria de eventos. Essa nomenclatura já é muito utilizada por muitas empresas-cliente e demais *players*, principalmente aqueles globais que já se referem a eventos corporativos dessa maneira. A seguir, explicamos brevemente a que se refere cada letra desse acrônimo que compõe o conceito de MICE.

Meetings – reuniões

A definição de reunião é um encontro de duas ou mais pessoas com o objetivo de tratar de negócios. Pode ser presencial, virtual (por videoconferência) ou híbrida (presencial e virtual), bem como pode ser realizada nas dependências da empresa ou em algum outro local específico, se necessário.

Muitos desses eventos acontecem em hotéis ou espaços apropriados, que se especializam nesse segmento. Com o aumento da tendência e da necessidade de engajamento do participante, os locais para essas reuniões vêm se tornando mais flexíveis, ou seja, elas podem ser realizadas em qualquer lugar que seja seguro e tenha infraestrutura suficiente.

Incentives – incentivos

Viagens de incentivo são premiações decorrentes de campanhas internas ou externas, que têm o objetivo de conquistar o profissional, o cliente, o distribuidor, o participante de determinada campanha de incentivo e o merecedor do prêmio. O grande diferencial entre um incentivo e uma simples viagem de lazer ou pacote está na experiência única e inusitada que constitui o prêmio, a qual não é acessível por compra individual, como um jantar fechado em um castelo ou museu de Paris, que em geral só é aberto para visitação.

> A viagem de incentivo é a única que não pode ser comprada pelo participante. Ela faz parte de uma campanha e tem de ser conquistada.

O comprador desse tipo de viagem, dentro da empresa, geralmente é funcionário da área de *marketing* ou vendas, que solicita a campanha à área de compras ou mesmo direto à agência de incentivo, a qual começa a trabalhar na campanha muito antes da premiação e envolve também outros tipos de fornecedores, como agência de comunicação, agência de publicidade, etc.

> A Copa do Mundo, organizada por uma grande empresa privada, a Fifa, é um evento esportivo, corporativo, com vários patrocinadores. Pode ser um bom exemplo, já que a maioria dos participantes que vão a esse tipo de evento são ganhadores de premiações decorrentes de viagens de incentivo.

Conferences, conventions and congresses – conferências, convenções e congressos

São eventos com um contingente grande de participantes que objetivam discutir e disseminar determinado tema. Com público específico, ideias inovadoras são divulgadas aos participantes e as novas tendências e informações são debatidas por vários dias.

> Como exemplo do C em nossa indústria de viagens e eventos, há o Latin American Corporate Travel Experience (LACTE), que acontece sempre em fevereiro, em São Paulo, e é organizado pela Associação Latino Americana de Gestores de Eventos e Viagens Corporativas (ALAGEV).

Exhibitions – exposições

São eventos organizados para que empresas de determinada indústria ou segmento específico possam promover, lançar e demonstrar seus produtos e serviços. Geralmente são realizadas em centros de eventos que comportam a visitação do público consumidor e de interessados.

CADEIA PRODUTIVA

Todos os envolvidos no evento, desde o cliente até os fornecedores, ou órgãos que o apoiam, compõem a cadeia produtiva do MICE. Essa cadeia aumentou muito nos últimos tempos, por conta do desenvolvimento da tecnologia e de uma maior exigência dos participantes dos eventos.

Alguns *players* mais tradicionais são: companhias aéreas, hotéis, centros e espaços de eventos, tecnologia, áudio e visual (A&V), alimentos e bebidas (A&B), agências de eventos, TMCs, facilitadores (profissionais contratados para fazer dinâmicas e/ou conduzir trabalhos em grupos com equipes), agências de incentivo, gráficas, *designers*, empresas de logística de transportes, etc.

Existem novos *players* internacionais que, a cada dia, têm mais importância para as empresas-cliente, trazendo novos conceitos, produtos e serviços para turbinar os eventos brasileiros, agregando-lhes valor e tornando-os mais atraentes para os novos participantes. Alguns exemplos: Convention and Visitors Bureau (CVB), empresas de desenvolvimento de aplicativos, holografia, *mapping*, videoconferência, arquitetura de eventos, etc.

Na verdade, os CVBs não são *players* tão novos, entretanto eles vêm sendo cada vez mais reconhecidos pelos clientes corporativos como órgão de apoio a eventos. Eles possuem materiais de *marketing* do destino do evento, fornecem informações aos gestores e participantes sobre outros eventos que ocorrem na cidade, na mesma época, além de poderem indicar parceiros locais e, em alguns casos, serem responsáveis pela gestão dos centros de convenções e feiras da cidade, o que facilita quando os eventos são realizados nesses locais.

Segredos de um evento de sucesso

Com a exigência maior das empresas quanto a planejamento, execução e gestão de eventos corporativos, toda a cadeia produtiva precisa ter foco em MICE.

As agências de eventos e seus clientes, os gestores de eventos, especializam-se e, consequentemente, precisam que os fornecedores façam o mesmo, profissionalizando seus colaboradores, a fim de conseguir atender às empresas-cliente com excelência.

Como a geração milênio, com o passar do tempo, vem participando de modo majoritário de eventos corporativos, a tendência é modificar o desenho de eventos, tornando-os mais objetivos, com conteúdo que possa ser apresentado de maneira mais rápida e dinâmica.

Um dos segredos para atingir o objetivo e o sucesso de um evento corporativo é entender exatamente o que o cliente corporativo deseja. É preciso, portanto, fazer detalhadamente o briefing – palavra em inglês que significa "instrução" ou "direção", mas, na área de eventos, pode ser entendida como "traduzir as expectativas do cliente e captar suas possibilidades reais". O *briefing* é:

- Um conjunto de informações para o desenvolvimento de um trabalho.
- Fundamental para a elaboração de uma proposta.
- Elemento-chave para o planejamento de todas as etapas, de acordo com as necessidades do cliente corporativo.

Ele pode ser elaborado por:

- Gestores de eventos que precisam compreender as necessidades e os propósitos de seus clientes internos, da própria empresa.
- Agência de eventos que vai operacionalizar um evento, e precisa entendê-lo para que possa executar a logística com excelência.
- Todos os fornecedores envolvidos, para terem clareza quanto ao que podem oferecer e sugerir para operacionalizar um evento.

Existem dois tipos de *briefing*:

- *Briefing de conteúdo* – contém as informações necessárias para a definição de todos os temas, assuntos e formato do evento, de acordo

com a dinâmica solicitada (educacional, palestras, agenda, minuto a minuto, conteúdo, desenho, etc.).
- *Briefing de logística* – consiste no conjunto e detalhamento de informações para a execução e a realização de um evento (desde a parte aérea, local, cenografia, A&V, tecnologia, comunicação visual, etc.).

Para um *briefing* assertivo, o mais importante é fazer as perguntas certas para o cliente, por exemplo:

- Qual é o orçamento destinado ao evento?
- Qual é o perfil dos participantes?
- Qual é o tipo de evento?
- Qual é o objetivo?
- Onde será realizado (local, cidade, região)?
- Qual é a quantidade estimada de participantes?
- Qual é sua duração, período e/ou flexibilidade de datas?
- Qual é a política de eventos da empresa-cliente?

As respostas a essas questões integram as principais informações que norteiam todos os membros da cadeia produtiva quanto a desenho, arquitetura e construção do evento, os quais devem focar:

- Infraestrutura adequada
- Retorno do investimento
- Satisfação dos participantes
- Sucesso
- Segurança
- Experiência
- Profissionalismo

TENDÊNCIAS E DESAFIOS

Escrever sobre tendências não é muito fácil, mas mesmo que o tema *eventos* esteja neste livro de uma forma não detalhada, é preciso abordar esse assunto, pois as tendências nesse segmento são importantíssimas.

O participante de eventos corporativos deve ser o foco dos meeting planners ao pensar em organizar um evento. A presença em eventos de participantes de diferentes gerações – *baby boomers* (nascidos antes de 1976), que representam geralmente uma média de 30% do público, e os da geração milênio (nascidos após 1976 ou gerações Y, Z e W), que são a grande parte dos participantes – alterou a indústria de eventos, que tem como desafio o acesso à informação, que faz o conhecimento ser cada vez mais acessível e o participante cada vez mais exigente. Isso levou ao problema de falta de atenção, surgindo daí a necessidade de mudar a maneira pela qual comunicamos, planejamos e executamos os eventos, por meio de ferramentas e dinâmicas de engajamento voltadas aos participantes.

No entanto, é necessário, primeiramente, promover uma mudança na estratégia de engajamento dos participantes, por meio da aplicação de *tendências* diferentes que acarretam uma grande reviravolta ao cenário de criação, construção, desenho e execução dos eventos. Afinal, o conteúdo define o formato e permite o engajamento dos participantes.

Os formatos tradicionais de organização de sala – sala escolar, auditório, mesas-redondas, espinha de peixe, mesa única, etc. – dão lugar a formatos híbridos, que favorecem a integração entre todos os participantes do evento. Isso pode ser feito com cadeiras organizadas em círculo, como também ao se compor uma roda ou com os participantes em pé (esse último tipo de formação é sugerido somente no caso de eventos curtos).

Meeting designers estão evitando formatos tradicionais e produzindo *layouts* alternativos para facilitar a discussão e a participação nos eventos. Compostos por uma mistura de vários formatos, esses modos diferentes de organização encantam e geram flexibilidade ao palestrante e interatividade nas sessões, que, por ser um requisito dos participantes, é uma nova tendência.

Um formato muito comum nos Estados Unidos é o chamado Campfire (Figura 1), que permite uma interação maior e mais próxima entre os participantes. Organiza-se o espaço em formato de círculo ou outro em que todos possam se ver e interagir diretamente um com o outro, com cadeiras ou até *puffs*, criando um ambiente mais leve e descontraído. O objetivo é que todos participem, sempre guiados por um facilitador, que conduz a conversa, focando o aprendizado por meio da troca de experiências.

Na mesma linha de aproximação dos participantes e estimulação da interação, outros formatos com um facilitador em pé, no centro (Figura 2) ou na frente (Figura 3) dos participantes (com projeção ou não) também contribuem para que um evento seja mais dinâmico e participativo.

Figura 1. Campfire.

Figura 2. Facilitador no centro.

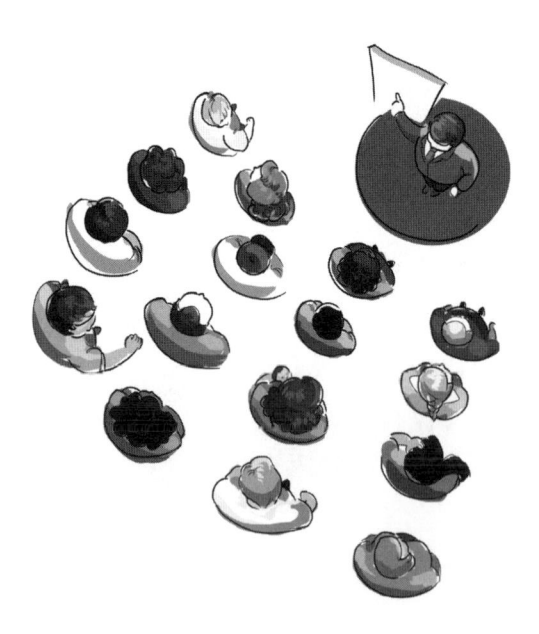

Figura 3. Facilitador na frente.

Apresentações mais curtas

Sessões mais curtas, priorizando a participação da audiência, com o uso de imagens e vídeos de até dois minutos, e sem *slides*. A apresentação de várias palestras curtas é uma tendência.

Wi-fi, conectividade e tecnologia

Para o viajante corporativo, internet de qualidade em áreas comuns de hotéis e em habitações já é uma realidade. No entanto, ainda é um desafio para MICE. Tanto em feiras quanto em eventos e congressos, em que o uso de celular, *apps* (contendo lista de participantes, agendas, *chats*, guias de feiras, etc.) e mídias sociais são fundamentais para a comunicação entre os gestores do evento e os participantes, encontramos muita dificuldade quando precisamos nos conectar, com qualidade, com mais de 70, 100 pessoas, inclusive na aplicação de *gamification* e pesquisas em tempo real.

Meeting planners estão avaliando localidades em que possam prover serviços *wi-fi* de qualidade, fáceis de se utilizar e com custos razoáveis. A conectividade passa a ser um dos fatores primordiais para a contratação de locais de eventos.

Aumento de eventos de relacionamento e presenciais

O que se acreditava anteriormente, que os eventos virtuais substituiriam os eventos presenciais, não aconteceu. Houve sim uma diversificação de tipos de eventos, porém a oportunidade de *networking*, *brainstorming* e construção de relacionamentos acontece mais fácil e fortemente em eventos presenciais.

PONTOS IMPORTANTES

Além dessas tendências, gestão de riscos, modelos de gestão profissional, sustentabilidade econômica e socioambiental deixam de ser uma preocupação teórica e passam a ser metas a cumprir. Os pontos principais que não podem ser esquecidos na organização de um evento são visualizados no Diagrama do PEGE (Programa Estratégico de Gestão de Eventos).

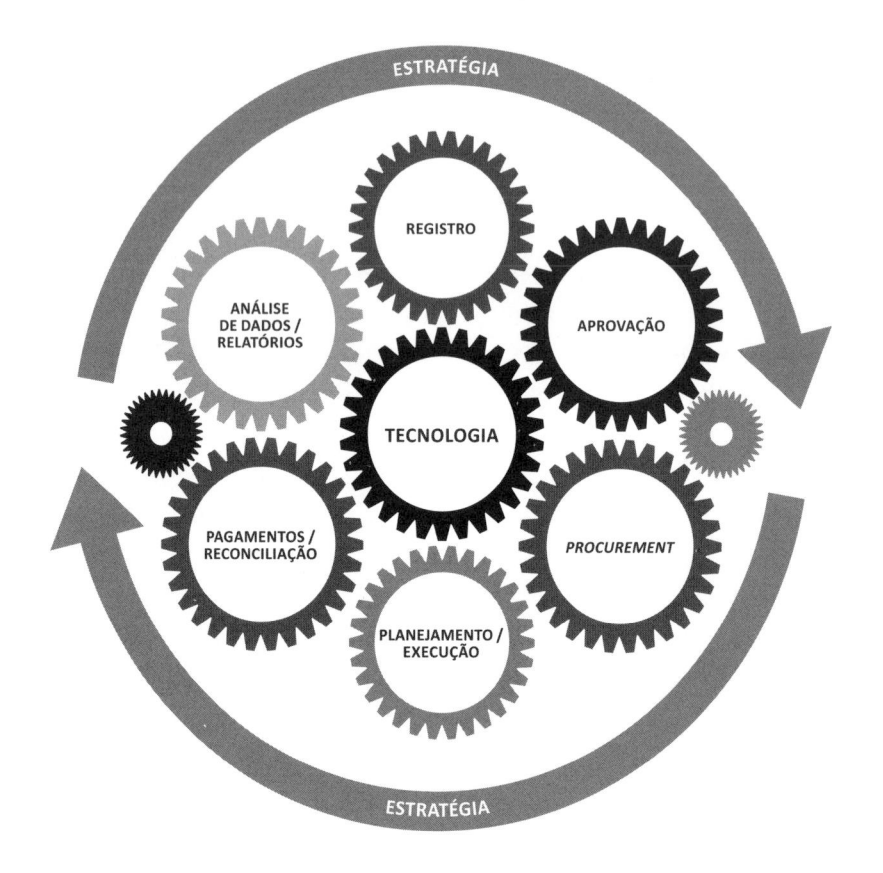

Fonte: Phillips, Myhill e McDonough (2008).

Com planejamento, organização e criatividade é possível fazer um evento corporativo de sucesso. É importante estar atento às necessidades da empresa-
-cliente e assegurar que foram tomadas todas as providências para diminuir os riscos.

Glossário

A&B – Abreviação de alimentos e bebidas, utilizada em hotelaria e MICE.

A&V – Abreviação de áudio e visual, utilizada em MICE.

Air group – Reserva de um grupo organizado de viajantes junto a uma ou mais companhias aéreas com o propósito de viagem para um evento corporativo.

Amenities – Referem-se a itens adicionais negociados com hotéis que não estão originalmente incluídos no valor da diária (ou desconto) negociada, como o café da manhã, estacionamento, internet e outros. Podemos encontrar também a palavra "amenities" na área de hotelaria quando nos referimos a itens de higiene, como xampus, sabonetes, kits de banho, etc.

Ancillary fees – São produtos ou serviços adicionais cobrados pelos fornecedores, principalmente em companhias aéreas – por exemplo, reserva de assentos especiais, entretenimento a bordo, alimentação, bagagem, etc. –, mas também em hotéis – internet, lavanderia, etc. – e locadora de veículos – GPS, lavagem, entre outros.

Apps – Abreviação de *aplicativos* (applications), programas que podem ser instalados em *smartphones* e *tablets*. Diversos serviços são oferecidos por aplicativos, como previsão do tempo, *check-in* de companhias aéreas, localização de hotéis e restaurantes, etc.

Average Room Night (ARN), Average Room Rate (ARR) ou Average Daily Rate (ADR) – Termos em inglês que significam "diária média em hotéis" (DM). O cálculo é feito pela divisão matemática da receita total gasta em hospedagem pelo número de diárias vendidas.

$$DM = \frac{\text{Receita total de hospedagem}}{\text{Número total de diárias vendidas}}$$

Average Ticket Price (ATP) – Preço médio do bilhete ou passagem aérea. Similar ao ARR da hotelaria, é um índice que é calculado da seguinte forma:

$$ATP = \frac{\text{Receita total de passagens aéreas}}{\text{Número total de passagens aéreas vendidas}}$$

Back office – Departamento de suporte ou de retaguarda, que não presta serviços diretamente ao cliente final. Geralmente compreende funções operacionais e/ou administrativas, como faturamento, contas a pagar e receber, financeiro, etc.

Bid – Palavra que em inglês significa "concorrência" ou "licitação". É o processo de concorrência para a prestação de um ou mais serviços.

Best Available Fare (BAF) – Termo em inglês que significa "melhor tarifa disponível".

Best Available Price (BAP) – Termo em inglês que significa "melhor preço disponível".

Brainstorming – Literalmente é uma "tempestade cerebral". Porém, o termo refere-se à reunião de um grupo de pessoas, em que seus participantes contribuem com ideias espontâneas, por meio de discussão e estímulo criativo, para resolver um problema específico, desenvolver novos planos ou juntar informação.

Briefing – Reunião de informações e dados para a elaboração de um trabalho. Especificamente em viagens e eventos corporativos, é a ferramenta utilizada para reunir em um documento todos os detalhes imprescindíveis para o desenho, solicitação e cotização de um evento. Existem diversos modelos de *briefing*, mas não existe um modelo-padrão: cada agência ou empresa possui o seu próprio, que se adapta melhor a suas necessidades.

Budget – Palavra em inglês que significa "orçamento".

Business Intelligence (BI) – Em português, "inteligência de negócios" são sistemas que coletam dados de diferentes fontes, organizam-nos e disponibilizam-nos de forma que a informação possa ser mais bem analisada, mediante recursos de manipulação, como filtros e fórmulas.

Change management – Termo em inglês que se refere ao gerenciamento de mudanças. Change management é responsável pelas atividades que visam a alteração de determinadas práticas. Abrange desde o planejamento da atividade, recursos envolvidos, custos, riscos, benefícios, procedimentos operacionais e possíveis problemas e solução.

Checklist – Palavra em inglês que significa "lista de verificação". Trata-se de um instrumento essencial para a gestão e controle em eventos corporativos. Deve elencar principalmente itens necessários para negociações, processos ou tarefas a serem realizadas.

City pairs – Palavra em inglês que significa "par de cidades". É uma análise utilizada pelo gestor de viagens para verificar o ATP (Average Ticket Price) e cidades (destinos) mais utilizadas, como São Paulo – Rio de Janeiro ou São Paulo – Brasília.

Clarification – Em um processo de concorrência (*bid*), é a etapa de esclarecimento de dúvidas, na qual os fornecedores solicitam à empresa-cliente respostas ou informações adicionais para que possam elaborar melhor a proposta. Geralmente as empresas-cliente respondem ao questionamento de um fornecedor copiando a todos os fornecedores, justamente para que todos tenham o mesmo nível de informação. Sugere-se que todas as informações trocadas nesta fase sejam documentadas.

Client review – Significa "revisão da conta do cliente". É a apresentação que o fornecedor (em viagens, geralmente a TMC), por meio do gerente de contas, faz para o cliente, trimestral ou semestralmente, sobre o programa de viagens deste. Os dados são apresentados de forma analítica, utilizando indicadores de *performance* comparados com períodos anteriores para medir a evolução das negociações, compra, *savings*, política de viagens, adoção de OBT, entre outros.

Compliance – É o conjunto de disciplinas para fazer cumprir as normas legais e regulamentares, as políticas e as diretrizes estabelecidas para o negócio e as atividades da instituição ou empresa, bem como para evitar, detectar e tratar qualquer desvio ou inconformidade que possa ocorrer. O termo *compliance* tem origem no verbo em inglês *to comply*, que significa "agir de acordo com uma regra, uma instrução interna, um comando ou um pedido".

Computer Reservation System (CRS) – Sistema que antecede o Global Distribution System (GDS). Os CRSs foram uma forma automatizada para substituir os cartões de embarque que eram preenchidos à mão. Esses sistemas eram de uso exclusivo das companhias aéreas, e, por uma questão estratégica, somente a partir de 1970 começaram a ser disponibilizados às agências de viagens. As agências que tinham acesso aos CRSs, por terem acesso mais rápido aos voos, vendiam mais. Essa disponibilidade criou um curioso fato: as agências de viagens passaram a ter vários terminais de computadores de várias companhias aéreas e, dependendo da demanda, formavam-se filas de emissores nos terminais de determinadas companhias. Porém, como cada sistema possuía uma linguagem diferente (comandos e formatos), os agentes de viagens deveriam ter conhecimento de todos os sistemas.

Convention & Visitors Bureau (CVB) – Organizações de instituições que promovem o turismo e a receptividade de uma cidade ou localidade para convenções e visitação de eventos e atrações diversas.

Cost avoidance – Palavra em inglês que significa "evitar custos". É uma forma de *savings* aplicada por algumas empresas, que transforma a isenção de cobranças e cortesias em um cálculo financeiro para obter o quanto significaria isso se fosse pago. Exemplos: isenção de multas de companhias aéreas, salas concedidas, *welcome coffee* não cobrado, *no show* não cobrado, *upgrade* concedido, vantagens em cartões de milhagem, etc.

Cost per Mile (CPM) – Termo em inglês que significa "custo por milha". Estudo realizado para comparar e acompanhar as negociações com companhias aéreas por meio da divisão do valor da passagem aérea paga (ou o total com uma companhia aérea) pelo total de milhas daquela passagem (ou montante).

Customer Relationship Management (CRM) – Gerenciamento de relacionamento com o cliente ou ferramenta de gestão – com todas as informações e processos –, cujo foco é a relação com o cliente.

Daily Car Rental Rate (DCRR) – Termo em inglês que significa "diária média de locação de veículo". Calcula-se a partir da razão do valor total gasto com locação de veículos pelo número de diárias utilizadas.

Enterprise Resource Planning (ERP) – Sistema de informação que integra todos os dados e processos de uma organização em um único sistema. A integração pode ser vista sob perspectiva funcional (sistemas de finanças, contabilidade, recursos humanos, fabricação, *marketing*, vendas, compras, etc.) e sob perspectiva sistêmica (sistema de processamento de transações, sistemas de informações gerenciais, sistemas de apoio à decisão, etc.). Os ERPs, em termos gerais, são plataformas de *software* desenvolvidas para integrar os diversos departamentos de uma empresa, possibilitando a automação e armazenamento de todas as informações de negócios.

E-ticket – Abreviação de Electronic Ticket. Refere-se ao bilhete eletrônico (passagem aérea), que substituiu as antigas passagens aéreas de papel.

Expense management – É o processo de gestão total das despesas de viagens de uma empresa.

Fee – Palavra em inglês que significa "taxa de serviço". Em viagens e eventos corporativos são cobradas por fornecedores, como a TMC, agências de eventos, tecnologia (OBTs), etc.

Front office – Nomenclatura em inglês para definir "atendimento, linha de frente".

Gamification – É a estratégia de interação entre pessoas e empresas com base no oferecimento de incentivos que estimulem o engajamento de um público com um objetivo, por meio do fornecimento de recompensas a participantes que realizem tarefas voltadas para o cumprimento da política de viagens das empresas, por exemplo.
Envolve a definição de tarefas, processos e políticas que estejam de acordo com o objetivo da empresa, a criação de regras e a aplicação de sistemas de monitoramento. As recompensas pelas interações dos usuários podem variar desde incentivos virtuais, como medalhas (ou *badges*, como é mais usual), até prêmios físicos.

Ganha-ganha – Jargão corporativo que se refere geralmente a negociações em que todas as partes são beneficiadas e entram em acordo.

Global Distribution System (GDS) – Em português, "sistema global de distribuição". Os GDSs disponibilizam, de uma única vez, todo o conteúdo dos fornecedores da indústria de viagens (companhias aéreas, hotéis, locação de veículos, etc.). Existem poucos no mundo.

***Implant* ou posto físico** – Refere-se ao atendimento ao cliente corporativo (empresa/pessoa jurídica) quando os consultores e a estrutura (posto de serviço) da TMC ocupam um lugar físico dentro das instalações da empresa e realizam um atendimento exclusivo.

Know-how – Termo em inglês que significa literalmente "saber como". Designa o conjunto de conhecimentos práticos adquiridos por uma empresa ou um profissional, que traz para si vantagens competitivas.

Key Performance Indicator (KPI) – Em português, "indicadores de *performance*". É utilizado para medir e acompanhar o desempenho de processos. No caso da área de viagens e eventos, utilizado por TMCs e outros fornecedores.

Last Room Availability (LRA) – É a garantia da obtenção da tarifa de hotel negociada por um cliente até o último quarto disponível naquela categoria. Por exemplo, quando um cliente negocia uma tarifa de R$ XX,00 para apartamentos *single* (solteiro) *standard* (padrão), todas as reservas – com as mesmas características de acomodação – que o cliente efetuar nesse hotel terão a tarifa garantida. Essa prática garante que não haja a aplicação de valores flutuantes.

Lowest Logical Airfare (LLA) – Em português, tarifa lógica mais baixa. É a melhor tarifa de acordo com a política de viagens que o viajante pode escolher, dentro de uma série de opções de rotas e preços.

Managed travel – Significa "viagens gerenciadas". São as viagens corporativas das quais o gestor de viagens e a empresa têm controle por meio de ferramentas que consolidam as informações quando a compra é efetuada fora dos canais tradicionais de distribuição (TMC e OBT).

Mapping – Palavra em inglês que significa "mapeamento". No caso de eventos, trata-se de um objeto que se deseja chamar a atenção.

Market share – Palavra em inglês que significa "fatia de mercado". Representa a participação de mercado que uma empresa tem no seu segmento ou no segmento de um determinado produto.

Meeting design – Forma de concepção e planejamento de eventos. Abrange desde a montagem e a preparação do espaço até a operacionalização do evento, transformando-o em algo mais atrativo, participativo e focado no engajamento do participante. O número de participantes é reduzido.

Meeting planner – Palavra em inglês que significa "planejador de eventos". É o profissional que chamamos de gestor de eventos, o responsável por eventos na empresa-cliente.

Meetings, Incentives, Conferences and Exhibitions (MICE) – Acrônimo que representa M (Meetings – Encontros, reuniões), I (Incentives – viagens de incentivo), C (Conference – Conferências) e E (Exhibitions – Exposições, feiras).

Midscale – Termo em inglês para denominar uma categoria intermediária de hotéis, geralmente comparáveis aos de 3 ou 4 estrelas.

Mobile – Termo em inglês que significa "mobilidade" e se aplica às tecnologias móveis, como celulares, *tablets*, etc. Essa tecnologia propicia a troca de informações mesmo que o colaborador nao esteja fisicamente na empresa.

Non Stop x Connected Flights (NS x CF) – Expressão em inglês que representa voos diretos (non stop = sem parar) *versus* voos com conexão. Algumas empresas utilizam esse indicador para incluir na política a utilização de alternativas de voos mais baratas com até uma conexão, por exemplo, que podem ser mais baratas que voos diretos (sem escalas).

Networking – Em português, significa "rede de contatos". Diz respeito às pessoas que um indivíduo conhece e às relações pessoais, comerciais e/ou profissionais que mantém com elas. Quanto maior a rede de contatos de uma pessoa, maior será a probabilidade de conseguir bons contatos profissionais, realizar negócios e obter informações interessantes.

Newsletter – Em português, significa "boletim informativo". Aborda um determinado assunto e é distribuído para um público específico – um exemplo são os informativos de viagens.

Online Booking Tool (OBT) ou Self Booking Tool (SBT) – São ferramentas eletrônicas de autorreserva, específicas para o segmento de viagens corporativas. Elas otimizam os processos de solicitação, cotação, aprovação e emissão, e podem ser acessadas por viajantes, solicitantes e aprovadores via *web*. Permite que a empresa tenha suas políticas e acordos configurados, monitorados e gerenciados por relatórios *on-line*.

Online Travel Agencies (OTAs) – São agências de viagens *on-line* que não possuem lojas físicas. A compra, a negociação e o atendimento são realizados via internet.

Open booking – Prática do mercado de viagens corporativas que visa à liberação da compra de passagens aéreas, hotéis e outros serviços pelo viajante ou requisitante diretamente, em qualquer canal de distribuição, tradicional ou não.

People tracker – Sistema de rastreamento de viagens e viajantes, que, baseado nas informações de reserva e compra do viajante, identifica sua localidade (país, cidade, hotel, etc.). É utilizado em circunstâncias de risco, para a localização de passageiros (viajantes) e tomada de ação.

Planning – Termo em inglês que significa "planejamento".

Player – Termo em inglês que significa literalmente "jogadores". Porém, na área de negócios e gerenciamento, refere-se a empresas, entidades e pessoas que trabalham em um nicho ou mercado específico. Alguns dos *players* em viagens e eventos corporativos são as TMCs, as empresas-cliente, companhias aéreas, hotéis e associações.

Post trip survey – Em português, significa "pesquisa pós-viagem". É feita eletronicamente após o retorno do viajante e aplicada geralmente por TMCs. É uma ferramenta de mensuração de *performance* do serviço e do atendimento da TMC e demais fornecedores.

Procurement – Departamento de compras ou suprimentos nas empresas. Tem a finalidade de realizar atividades relacionadas com os processos de aquisição de bens e serviços (e soluções) para cumprir as metas de uma das organizações. Trabalha com a metodologia de *bid* que inclui RFI, RFQ e RFP.

Programa Estratégico de Gestão de Eventos (PEGE) – É o processo de construção de um programa efetivo de gestão de eventos, constituído de etapas como análise de oportunidades, elaboração das estratégias e implementação do programa. Corresponde em inglês a Strategic Meetings Management Program (SMMP).

Request for Information (RFI) – Em português, "solicitação de informações". É a proposta técnica pela qual a empresa-cliente solicita informações referentes a estrutura, sistemas, clientes, tecnologia, entre outras, do fornecedor, sem pedir proposta de preços. Esse tipo de solicitação é geralmente realizada para selecionar aqueles que atendem tecnicamente às necessidades da concorrência e participarão do RFP.

Request for Proposal (RFP) – Em português, "solicitação de proposta". É a proposta completa, técnica e comercial, que apresenta preço e informações. É a mais conhecida no mercado de viagens. As pessoas às vezes nem chegam a mencionar que vão fazer um *bid*, pedem apenas um RFP. Algumas empresas-cliente solicitam a entrega das propostas separadas, mas dentro de um só processo.

Request for Quotation (RFQ) – Em português, "solicitação de cotação". É a proposta comercial, na qual somente o quesito *preço* é levado em consideração. Em geral, é feita após um RFI, quando o cliente já selecionou tecnicamente os fornecedores, ou quando a definição do vencedor é apenas baseada no preço. Alguns clientes recorrem a leilões eletrônicos para esse fim, mas é importante salientar que a avaliação de um fornecedor deve ser feita por muitos quesitos e não só pelo preço (KPI e *scorecard*).

Revenue management – É o gerenciamento das receitas. No mercado de viagens corporativas, é geralmente aplicado por companhias aéreas e hotéis, para otimizar as receitas e possibilitar a realização de promoções, de acordo a com oferta e demanda.

Roadshow – É um tipo de evento itinerante que é replicado em várias cidades diferentes durante um período de tempo, repetindo-se em forma e conteúdo, porém podendo ser adaptado a necessidades e público-alvo específicos de cada local.

Roaming – Ligações telefônicas via celular originadas de cidade ou país diferente de onde a linha é adquirida.

Saving – Termo em inglês que significa "economia".

Scorecard – Matriz dos itens que serão avaliados no processo de concorrência, por meio de notas, que apresenta os critérios para cada quesito, tanto comercial (preço) como técnico. Os critérios de cada item a ser avaliado variam de empresa para empresa, uma vez que cada uma valoriza mais um determinado item do que a outra, bem como características específicas de atendimento e perfil de compras. Para cada serviço/produto é feito um *scorecard* diferente, com notas, quesitos e critérios específicos para cada um.

Self Booking Tool (SBT) – Ver verbete Online Booking Tool (OBT).

Self ticketing – Processo automático de emissão de passagens por meio de ferramentas OBT, em que o bilhete é gerado por um "robô" de emissão, sem a intervenção manual de um consultor de viagens.

Set-up fee – Taxa inicial de configuração e customização de uma ferramenta tecnológica, como o caso das OBTs.

Service Level Agreement (SLA) – Em português, "garantia de qualidade de serviço". Acordo de níveis de serviço, assinado entre cliente e fornecedor, contendo o detalhamento de todos os serviços que serão fornecidos e mensurados por indicadores. O SLA é um conceito de gestão de fornecedores utilizado na prestação de qualquer serviço, seja ele em viagens corporativas ou não.

Share – Ver verbete market share.

Single sign on – É definido como um único acesso ou ponto de entrada, ou seja, para entrar em um sistema é necessário autenticar (ou fazer o *login*) uma única vez. Isso permite acesso automaticamente a diversos sistemas, sem a necessidade de digitar seu *login* e senha para cada um. Por exemplo, um único acesso na intranet da empresa possibilita o acesso a OBT, GDS, etc.

Smart data – Ou "dados inteligentes", é um conceito que destaca a qualidade dos dados que se transformarão em informação para uma melhor análise.

Stakeholder – Palavra em inglês que, na prática, significa "todos aqueles que influenciam, são influenciados e interessados pelo projeto, gerenciamento, mercado e/ou produtos de uma empresa".

Voucher – Documento emitido pela agência de viagens ou fornecedor com os dados e confirmação da aquisição do produto ou serviço, como uma reserva de hotel, etc.

Travel Management Company (TMC) – Em português, "empresa de gerenciamento de viagens". São as agências de viagens especializadas no atendimento a clientes para viagens e eventos corporativos.

Upscale – Palavra em inglês para denominar uma categoria superior de hotéis, geralmente comparáveis aos hotéis 5 estrelas.

Workflow – Palavra em inglês que significa "fluxo de trabalho".

Workshop – Tipo de evento que reúne pessoas interessadas em debater sobre um ou vários temas. Os participantes são motivados a opinarem e compartilharem seu conhecimento e/ou experiência.

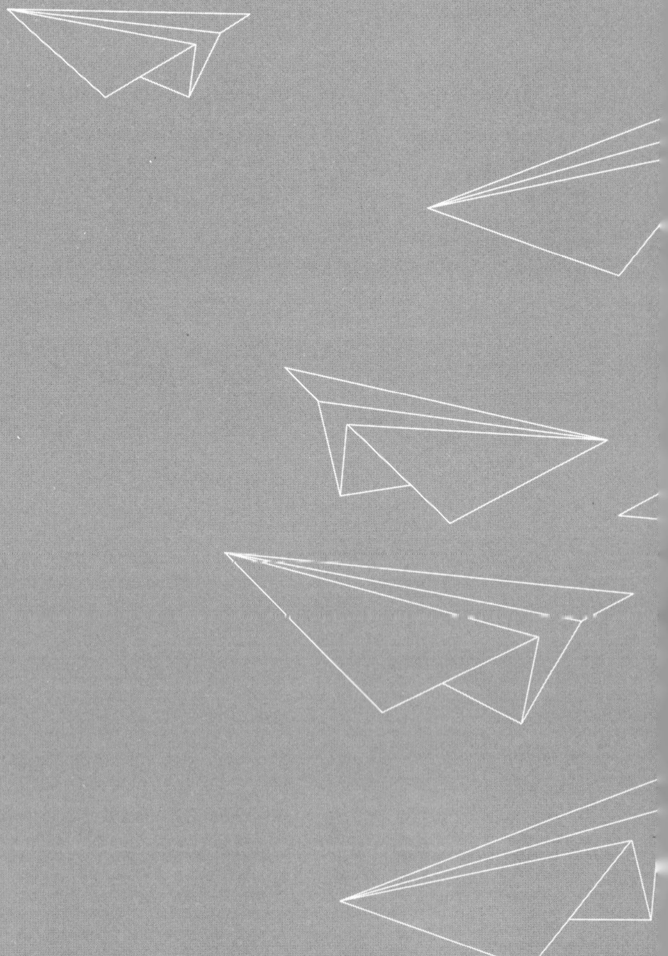

Referências

ABEOC/SEBRAE. "II dimensionamento econômico da indústria de eventos no Brasil – 2013". Florianópolis/Brasília: ABEOC/SEBRAE, 2014. Disponível em http://www.abeoc.org.br/wp-content/uploads/2014/10/II-dimensionamento-setor-eventos-abeoc-sebrae-171014.pdf.

ALAGEV. "Estatístico CE30 2014". Disponível em http://alagev.org/biblioteca/alagev. (acesso apenas para associados).

_____. "Estatístico CE30 2015". Disponível em http://alagev.org/biblioteca/alagev. (acesso apenas para associados).

_____. "IEVC – Indicador econômico de viagens corporativas 2015". Disponível em http://alagev.org/biblioteca/alagev. Acesso em 19-5-2015.

ARGO IT. "Pesquisa sobre ferramentas online para compra de viagens (OBT) e gestão de despesas corporativas", 2014. Disponível em http://goo.gl/7U7MGE. Acesso em 19-5-2015.

BTN GROUP – TRAVEL AND TRANSPORT. "Open Booking: an Option for your Managed Travel Program?", 2013. Disponível em https://www.travelandtransport.com/wp-content/uploads/2013/07/Whitepaper-Travel-and-Transport-Open-Booking-2013-BTN.pdf. Acesso em 19-5-2015.

FGV/EMBRATUR. "Pesquisa de Impacto Econômico dos Eventos Internacionais Realizados no Brasil". Disponível em http://www.embratur.gov.br/piembratur/opencms/textogeral/downloads.html. Acesso em 19-5-2015.

GILLESPIE, Scott. Gillespie's Guide to Travel + Procurement. Disponível em https://gillespie411.wordpress.com/. Acesso em 19-5-2015.

MARTINS, Viviânne G. Inteligência em viagens. Disponível em http://blog.panrotas.com.br/inteligencia-em-viagens/. Acesso em 19-5-2015.

MARTINS, V. G; MURAD Jr., E. *Viagens corporativas – saiba tudo sobre gestão, estratégias e desafios deste promissor segmento.* São Paulo: Aleph, 2010.

MURAD JR, Eduardo. Viagens corporativas. Disponível em http://blog.panrotas.com.br/viagenscorporativas/. Acesso em 19-5-2015.

NAWN, John. "5 Principles of Meeting Design". Disponível em https://www.mpiweb.org/Blog/All/1100068-blair-potter/2013/10/10/5-principles-of-meeting-design. Acesso em 19-5-2015.

PHILLIPS, J. J; MYHILL, M.; MCDONOUGH J. B. *O valor estratégico dos eventos – como e por que medir ROI.* São Paulo: Aleph, 2008.

Este livro foi composto com as fontes Minion e Caecilia,
impresso em papel offset 90 g/m^2 no miolo e cartão supremo 250 g/m^2 na capa,
nas oficinas da Intergraf Indústria Gráfica Eireli, em agosto de 2015.